KB169671

나의 하루는 오늘도 빛난다

어제보다 찬란한 오늘을 만드는 6가지 복리 성장법

나의 하루는
오늘도 빛난다

행복 부자 샤이니(김재영) 지음

카시오페아
Cassiopeia

프롤로그

안녕하세요,
행복 부자 샤이니입니다!

 2007년 초 EBS에서 영어 강사를 시작하게 됐을 때, 나는 '의외의' 문제로 깊은 고민에 빠졌었다. 예명을 짓는 일이 예상 밖으로 너무 어려웠던 것이다. 한번 예명을 정하고 나면 그 이름이 내 평생 브랜드가 될 수도 있겠다고 생각하니 함부로 지을 수가 없었다. 며칠간 고민 끝에 내린 결론은 단순했다. '내가 살고 싶은 삶을 이름에 담으면 되잖아!' 기준을 제대로 정하니 어두운 방에 불이 켜진 듯 머릿속이 밝아지며 영어 단어 하나가 선명히 떠올랐다. '그래, 샤이니 Shiny가 좋겠어!' 나는 주변을 밝고 환하게 비추는 사람이 되고 싶었다. 내가 사는 공간에도 밝고 환한 빛이 들었으면 했다. (믿기지 않겠지만, 나는 꽤 오랫동안 볕이 들지 않는 반지하에서 월세살이를 했다.) 함께

하면 언제나 힘이 되는 사람, 도움이 필요한 사람에겐 기꺼이 내가 가진 것을 나눠주는 사람으로 성장하고 싶었다. 한마디로 품이 넓고 경제적으로나 정서적으로 여유 있는 사람이 되고 싶었다.

그리고 17년이 지난 지금, 20대의 내가 품었던 소원은 어느덧 어엿한 현실이 되었다. '최고 대우를 받는 스타 강사', '180억대 자산가', '행복 부자' 등 나를 수식하는 이름들도 많아졌다. 좀 더 나은 삶을 추구하고 나의 능력과 잠재력을 최대한 끌어올리는 과정에서 부는 자연스럽게 따라왔다. 목적이 아닌 '부산물'. 그것이 부富였다. 그 과정을 사람들에게 알려주고 싶었다. 놀라운 것은 어떻게 알려주고 나눌까 고민할수록 더 많은 기회와 돈이 나를 찾아와 선순환을 한다는 사실이다.

"저도 샤이니 선생님처럼 행복의 기운이 넘쳐흐르는 사람이고 싶어요!"

"샤이니 선생님 목소리는 듣기만 해도 기분이 좋아져요!"

"샤이니 선생님 방송 듣고 오늘도 긍정 에너지 잔뜩 받아 열심히 영어 공부 해보럽니다."

운영 중인 강의나 SNS에 달리는 댓글들을 읽다 보면, 오래전 예명을 '샤이니'로 지었던 것은 일종의 자기 충족적 예언이었던 것 같다. 이런 걸 보면 말에는 힘이 있음을 새삼 느낀다. 옛말에 '좋은 말도 여러 번 들으면 듣기 싫다'고 하지만, 나는 그 반대라고 생각한다. 사람의 태도 중 가장 확연히 드러나는 것은 말이다. 좋은 말은 계속 듣고, 또 계속 해야 한다. 긍정적인 생각과 행동에는 돈이 들지 않는다. 내 삶을 성장시키는 가장 좋은 재테크다. 하지만 나도 처음부터 '샤이니' 한 삶을 살았던 것은 아니다.

반지하 삶에서 180억 원대의 '행복 부자'가 되기까지

나는 소위 '깡촌'에서 자랐다. 변두리 시골을 가면 지어진 지 오래되어서 낡다 못해 쓰러져 가는 집들이 적지 않다. 그러나 어릴 적 내 소원은 그런 집에라도 살아보는 것이었다. 허름하고 불편할지언정 부엌과 방 등 생활공간이 나눠 있고, 툇마루와 마당, 텃밭처럼 정겨움을 자아내는 공간이 있는 집, 우리가 흔히 '시골집' 하면 떠올리는 그런 집. 나는 어린 시절 부모님이 운영하는 치킨 가게의 작은 창고에서 살았다. 안 쓰는 물건들을 쌓아두는 작은 공간 말이다. 게다가 부모님은 내가 고등학교를 졸업할 때까지 늘 돈 문제로 다퉜다. 문제집 하나를 사려고 해도 어려운 가정 형편 때문에 망설이다가 사지 못하는 일이 다반사였다. 많은 걸 가진 지금도 밝고 환한 공간, 넓고 안락한 공간에 나도 모르게 집착하곤 하는데, 어린 시절 경험한 '공간의 결핍' 때문인 듯싶다.

결핍은 트라우마로 남기도 하지만, 성공의 연료가 되기도 한다. 내가 딱 그랬다. 누가 '샤이니 선생님, 인생의 터닝 포인트는 언제인가요?'라고 묻는다면 단 1초의 고민도 하지 않고 대답할 수 있는 사건이 있는데 아직도 선명하게 떠오른다. 창고에서도 5년 넘게 살아본 내가 '집 없는 설움' 때문에 눈물을 뚝뚝 흘리고 대오각성을 한 일. 때는 대학교 1학년 겨울 방학을 앞둔 스산한 날이었다. 가난했지만 불행 중 다행으로 공부머리와 근성이 있었던 덕분에 나는 원하던 서울권 대학에 입학했다. 등록금은 장학금으로, 생활비는 과외를 하며 겨우겨우 충당했는데, 살 곳이 마땅치 않았다. 집안 형편이 어렵다 보니 변변한 자취방을 구할 수 있는 처지가 아니어서 결국 나보다 어린 엄마 친구의 딸과 불편한 더부살이를 해야만 했다. 나중에는 중학생 눈치를 살피며 정신적인 스트레스를 받느니 차라리 몸이 힘든 게 나아서 과방을 전전하며 새우잠을 자는 날이 허다했다. 창고는 벗어났을지언정 가난은 서울까지 나를 따라왔다.

견디다 못한 내가 눈물의 하소연을 하자 엄마가 서울로 올라와 대림동 먼 친척 댁에 찾아가 나를 부탁했다. 공부도 잘하고, 내 손으로 용돈도 벌고, 어디 가서 뭘 못한다는 말은 생전 들어본 적이 없었기에 나는 당연히 친척 집에서 나를 받아줄 것이라고 생각했다. 그런데 놀랍게도 친척 어르신은 몇 번의 대화 끝에 빈 방을 내어줄 수 없다고 단칼에 거절했다. 자기 생각만 하고 살갑지도 않은 아이를 집에 들일 수 없다는 게 이유였다. 그 시절 나는 '내가 돈은 없어도 공부 하나는 잘해'라는 치기 어린 자존심이 있었는데, 그게 어르신 눈에는 보였던 모양이었다. 그런 내게 '태도'와 '자세'의 문제로 존재를 거절당한 일은 꽤나 충격적이었다. 강남에 8층짜리 건물을 가진 지금도 그때 생각만 하면 나도 모르게 코끝이 찡해져 눈물이 나곤 한다. 그때의 어린 내가 가여워서. 자식에게 아무것도 해주지 못했던 내 부모가 안쓰러워서. 엄마와 함께 찬바람을 맞으며 좁은 골목길을 눈물 흘리며 걷던 날, 나는 굳게 마음먹었다.

'나는 꼭 성공해서, 도움이 필요한 누군가에게 기꺼이 손 내밀 줄 아는 어른이 되어야지. 그러려면 내 태도부터 바꿔야겠구나. 우는 건 오늘까지만 하자.'

아주 작은 태도의 변화가 불러온 커다란 기적

그때부터였을 것이다. 나는 예외적인 경우를 제외하고는 만나는 사람들 모두에게 친절하고 상냥한 태도를 가지려고 노력했다. 어려운 일이 아니었다. 한 번 더 웃기, 먼저 말 걸기, 긍정적인 피드백 하기……. 가진 것은 없었지만 나를, 그리고 내 주변을 '샤이니' 하게 만들 방법은 아주 많았다. 아니, 가진 것이 없지 않았다. 살짝만 웃어도 하회탈처럼 기분 좋게 휘어지는 눈매, 10대 시절부터 팝송으로 다져진 영어 실력, 어떠한 역경 속에서도 좋은 점을 바라볼 줄 아는 마음……. 돈이 들지 않아도 내가 나눌 수 있는 좋은 것들이 내 안에 너무 많았다. 그 전까지는 그걸 끄집어내서 적절히 쓸 줄 몰랐을 뿐이었다.

긍정의 힘으로 세상을 대하자 세상도 나에게 긍정의 대답을 들려주기 시작했다. 대학생 과외였지만 실력과 인성 모두 탁월하다는 소개 덕분에 꼬리에 꼬리를 물고 과외 자리가 이어졌다. 이때 다져진 과외 내공이 EBS 영어 강사 시절 큰 자산이 되었다. 비록 곤궁한 시절이었지만 열등감이나 꿍한 마음을 먹는 대신 열린 태도로 지내다 보니 마음의 구김살을 펴준 인생의 베스트 프렌드들도 대학 시절 많이 만났다. 20대 초반에 경험한 작은 성공과 성취의 경험들은 나를 도전에 두려워하지 않는 사람으로 만들었다. 해외파 학생들이 주를 이루는 대학생 모의유엔에 뽑힌 것, 학교에서 딱 1명 뽑는 미국 교환학생이 되어 기숙사 관리자(RA)까지 하고 온 것, 대학 졸업 후 먹고살기 위해 연봉과 복지가 좋은 대기업에 취직했지만, 꿈을 위해 과감히 퇴사하고 월 100만 원의 영어 강사 자리에 지원했던 것, 남들은 시도하지 않은 차별화된 콘텐츠를 개발해 방송한 것……. 이처럼 일련의 크고 작은 도전들은 나를 인생이라는 게임의 '게임 체인저'로 만들었다. 위기도 기회로 만들어 상황을 바꾸고 판을 뒤흔들어 끝내 승리하는 사람으로.

작은 태도의 변화와 도전을 멈추지 않은 덕분에 나는 짧은 기간 안에 월 100만 원을 벌던 강사에서 현재는 바쁘게 일하지 않아도 월 억대의 돈은 너끈히 버는 경제적 자유인이 되었다. 볕이 들지 않아 옷에 곰팡이가 끼는 반지하에 살던 세입자에서 180억 원대의 자산가가 되었다. 드라마틱한 나의 이야기를 가까운 동생들이나 친구들에게 들려주듯 나의 유튜브 채널에 하나둘 올리기 시작했다. 이 역시 내가 가진 것을 나누는 활동의 일환이었다. 사람들에게 무언가를 가르쳐줄 때 구체적인 예시를 들어 설명하면 이해시키기가 쉬운데, 그 예시를 내 삶에서 가져오다 보면 어느새 영어 수업은 인생 수업이 되기도 했다. 유튜브 영상은 내가 생각했던 것보다 크게 사람들의 마음을 흔들어 놓았다. 그저 담담히 내가 겪은 일들과 깨달음을 말했을 뿐인데, 그 이야기에 힘을 얻고 강력한 동기부여가 되었다는 댓글을 보며 도리어 내가 더 큰 힘을 얻었다. 이 책을 쓰게 된 가장 큰 이유다. 어린 시절의 나처럼 가진 게 없어서 눈물을 흘리는 젊음이 한 명이라도 줄어들었으면 하는 마음 때문에.

부와 행운이 불어나는 복리의 마법

스노볼 이펙트snowball effect라는 말을 들어본 적이 있는가? 쉽게 우리말로 바꾸면 '눈덩이 효과' 정도인데, 주먹만 한 눈덩이도 계속해서 굴리고 뭉치다 보면 어느새 산처럼 커지는 현상을 말한다.

엄연히 따지면 경제용어는 아니지만, 세계적인 투자자 워런 버핏 Warren Buffett이 '복리의 효과'를 쉽게 설명하기 위한 비유적인 표현으로 사용하면서 일종의 경제용어로 자리를 잡은 개념이다. 영어 강사로 굳건히 자리를 잡고 나자, 나는 뒤늦게 소위 '재테크'에도 눈을 뜨게 되었다. 또래들보다 한참 늦은 시작이었다. 그 무렵 주식을 비롯해 다양한 종류의 경제 도서를 공부 삼아 읽기 시작했는데 여러 책들을 섭렵하며 읽다 보니 남들이 말하는 재테크를 하지 않았을 뿐, 그간의 내 삶 자체가 재테크였음을 깨달았다. 이미 부와 행운이 말 그대로 복리처럼 불어나 있었기 때문이다.

원리는 간단했다. 태도를 바꾸니 좋은 기회들이 찾아왔고, 그 기회들은 무일푼 흙수저인 내게 경제적 여유를 가져다주었다. 경제적으로 윤택해지니 자아만족감이 자연스레 높아지고, 남들에게 더 베풀 수 있는 여유가 생겼다. 그릇이 넓어지니 그릇에 어울리는 더 나은 삶의 태도를 고민하고 실천하게 되었다. 내 주변에 모이는 사람들도 어느덧 나와 비슷한 그릇의 사람들로 가득해졌다. 경험해본 바로 이 과정에는 끝이 없다. 오히려 시간이 지날수록 가속도가 붙으면서 부와 행복의 크기가 빠르게 확장해간다. 내가 초심을 잃어버리지 않는 한. 그리고 용기 있는 도전을 멈추지 않는 한.

이게 바로 내가 몸으로 체득한 '부와 행운이 늘어나는 복리 성장법'이다. 앞으로 이 책에서는 내가 직접 겪어낸 삶을 토대로 스노볼 법칙의 각 단계를 알기 쉽게 전하려고 한다. 내가 미리 가본 길을 따라 당신만의 작은 눈덩이를 굴려보길 권한다. 그래서 내가 일군 부와 행운을 뛰어넘는 더 큰 눈덩이를 만들 수 있기를 응원한다. 당신 안에는 그럴 수 있는 힘이 있다.

나는 나를 수식하는 여러 이름 중에 '행복 부자'라는 말을 제일 좋아한다. 그래서 유튜브 영상에서나 강의를 할 때면 늘 이렇게 운을 뗀다. "안녕하세요! 행복 부자 샤이니입니다!"

세상에는 다양한 종류의 부자가 존재한다. 인맥이 대단한 사람, 명예가 드높은 사람, 돈이 많은 사람, 지식이 엄청난 사람……. 나는 이 중에서 삶의 만족도가 가장 높은 부자는 '행복 부자'라고 생각한다. 이 책에 담긴 나의 경험이 정답일 수는 없겠지만, 춥고 어두운 시절을 건너고 있는 누군가에게 하나의 좋은 예시로서 작은 길잡이별이 될 수 있다면 저자로서 그만한 행복이 없을 것 같다.

작지만 밝은 빛이 되고픈 샤이니

목차

프롤로그 안녕하세요, 행복 부자 샤이니입니다! • 5

1장 가난과 절박함에는 에너지가 있다

What were you born with?
내가 가지고 태어난 환경에 대하여 • 21

The turning point in life
삶의 터닝포인트는 언제인가? • 28

What to choose between dream and money
꿈과 돈, 갈림길에서 선택해야 할 것 • 35

Efforts are bound to leave a mark
노력은 반드시 흔적을 남긴다 • 41

There's magic in your smile
웃어라, 밝은 웃음은 전 세계에 통한다 • 44

Prioritize happiness
행복의 우선순위를 매겨라 • 49

The very sentence that lights up life
인생을 밝히는 단 하나의 문장 • 54

2장 시련과 절망 속에서도 빛나는 사람이 되는 법

How to turn a crisis into an opportunity
위기를 기회로 만드는 법 • 63

How to add another zero to your income
월급에 0 하나를 더 붙이는 법 • 73

Work, money and freedom can go together
일과 돈과 자유의 아름다운 삼각관계 • 78

Nobody cares what car you drive
낡은 중고차를 탈수록 당당해져라 • 82

Be strong and courageous
치부를 드러내는 용기가 필요한 순간이 있다 • 86

Is everything already written in destiny?
부자는 타고나는 것인가? • 92

3장 기회를 움켜쥐는 '태도'로 시작하라

How does the worst become the best?
최악의 상황은 어떻게 최선의 상황이 되는가? • 99

There is always something you can do
가진 것이 없는 순간에도 할 수 있는 일이 있다 • 104

The power of small wins
작은 성공들이 쌓이면 커다란 힘이 된다 • 109

Create your own luck
복은 저절로 굴러들어오지 않는다 • 113

How you spend your time is how you spend your life
소중하고 좋아하는 것에 시간을 써라 • 118

How to shift your perspective to have a positive outlook
긍정의 주파수를 맞추는 2가지 방법 • 124

Manage your jealousy
질투심 뒤에는 또 다른 얼굴이 숨어 있다 • 131

4장 '부'의 크기가 아닌 밀도를 높여라

Marriage and money: tips for financial bliss
결혼 후 부자가 되는 집의 돈 관리 비법 • 139

What gives money its value?
돈에는 밀도가 있다 • 144

How to evaluate your performance
내 몸값을 제대로 계산하는 법 • 149

No way back
100%의 실행 가능성을 향해 • 153

Time is absolutely relative
시간은 절대적으로 상대적이다 • 158

Everyone has their own story
누구나 자신만의 콘텐츠가 있다 • 166

Building wealth is about more than just money
부를 쌓아야 하는 진짜 목적을 찾아라 • 173

5장 부와 행복을 끌어당기는 7가지 법칙

Start now. Get perfect later
완벽한 순간은 오지 않는다. 일단 실행하라 • 183

Never invest in something you don't understand
공부하지 않은 투자의 혹독한 대가 • 190

The incredible power of gratitude
없던 가치도 만드는 감사의 힘 • 194

Happiness vs. Pleasure
행복의 가면을 쓰고 자신을 속이는 것에 대하여. • 200

3 ways to build lasting self-esteem
건강한 자존감을 만드는 3가지 방법 • 204

Show me your friends and I will show you your future
당신 주위엔 어떤 사람들이 있는가? • 211

Perseverance
세상이 답을 들려줄 때까지 인내하라 • 217

 6장 나의 오늘은 두 번 다시 돌아오지 않는다

Best investment
재테크보다 중요한 '몸테크' • 225

A small act of kindness goes a long way
타인에게 베푼 친절은 반드시 돌아온다 • 230

Having a role-model matters
삶의 궤적을 따라갈 롤모델의 중요성 • 237

How to attract good luck
거대한 행운은 어디에서 오는가? • 243

Achieve all of your dreams this way
하고 싶은 것이 많을 때 가장 멋지게 이루는 방법 • 248

에필로그 우리는 모두 자기 인생의 '샤이니 스타'입니다 • 251

1장

가난과 절박함에는
에너지가 있다

☆ 내가 가지고 태어난 환경에 대하여

What were you born with?

　세상엔 수많은 서러움이 존재한다. 부모 없는 서러움처럼 감히 그 아픔을 짐작할 수 없는 서러움부터 배곯는 서러움처럼 기본적인 욕구를 채우지 못해 생기는 서러움, 무시나 멸시 등 감정적인 상처로 인한 서러움 등 세상을 살아가는 사람들의 숫자만큼이나 서러움의 사연과 종류도 갖가지다. 서러움은 슬픔과는 결이 사뭇 다르다. 아프고 괴로운 마음 가운데에 분하고 억울한 마음인 '원통함'이 서려 있다. 그래서 서러움에는 (분노의) 에너지가 숨어 있다. 이 에너지가 자칫 자기연민에서 끝나버리면 나만 세상에서 가장 불쌍한 사람이 되어버리고 만다. 그리고 나를 이렇게 만들어버린 사람과 세상은 원망의 대상으로만 남고 만다. 반대로 서러움의 에너지를 잘 다독이면 나를 변화시키는 계기가 되기도 한다. (물론 개인의 노력이 아닌 사회구조적인 차원에서 근본적인 대책을 세워야만 해결되는 문제들도 있음을 안다.)

나의 경우에는 '집 없는 서러움'이 절절했다. 특히 서울에서 대학을 다니기 시작하면서부터 집 없는 서러움을 제대로 경험했다. 스무 살 전까지는 비록 작고 허름하긴 했지만 가족들과 함께 부대끼며 사는 내 집이란 것이 있었다. 학교가 끝나면 돌아갈 수 있는 곳, 신발 벗고 들어서면 누구의 눈치도 보지 않고 편히 생활할 수 있는 공간 말이다. 그러나 서울로 상경하고 나니 그 넓은 서울 땅에 내가 마음 편히 발 뻗고 쉴 수 있는 곳은 어디에도 없었다. 이유는 뻔했다. 돈이 없었기 때문이었다. 기숙사에라도 들어갈 수 있었으면 좋았을 텐데, 그 당시 내가 다니던 학교에는 기숙사가 없었다. 입학금과 학비는 장학금으로 충당했고, 용돈은 집안 사정을 뻔히 아니 아르바이트를 해서 벌 생각을 이미 하고 있었다. 문제는 새 학기가 시작하는 3월부터 당장 내가 들어가 살 집이었다.

엄마 친구의 중학생 딸이 사는 원룸에서 더부살이를 하게 된 나는 그 아이가 다니는 중학교의 시험 기간 동안 집 안에서 발소리도 내지 않고 조용히 걸어 다녔다. 전화라도 올라치면 벨소리가 그 아이의 신경에 거슬릴까 봐 후다닥 밖으로 뛰어나가 전화를 받았다. 반면 나의 시험 기간에는 공부는커녕 불조차 켜지 못했다. 내 시험보다 그 아이의 잠이 더 중요했기 때문이다. '더부살이하는 주제에 조심조심하며 살자' 하는 생각에 사로잡혀 지내던 날들이었다.

그렇게 한두 달을 보내고 나자 어느덧 대학생활에도 익숙해지고, 친구들도 차츰 사귀게 되었다. 날씨도 점점 따뜻해져서 불편하기만 한 집에 일찍 들어가느니 밖에서 시간을 보내는 날들이 많아졌다. 밤바람이 포근하고 좋은 날에는 캠퍼스 잔디밭을 이불 삼아 그 위에 누워 별을 보다가 잠드는 날도 있었다. (100% 동의하긴 어려운 말이지만) 누군가는 젊은 시절의 가난을 낭만이라고도 하던데, 그때의 내 모습이 딱 그랬다. 날씨가 제법 추운 날에는 과방이나 친구 집에서 신세를 지기도 했다.

프롤로그에서 쓴 대로 대림동 먼 친척의 더부살이 면접에서 떨어지고 난 뒤, 나는 독기가 바짝 오른 상태였다. 그전까지는 눈칫밥 먹는 생활로 인해 우울감에 빠져 다소 무기력한 상태였다면, 대림동 사건(?) 이후로는 스스로도 의도치 않게 각성이 되어버린 것이다. 절박함이 사람을 근본부터 바꿔놓기도 한다는 것을 그때 처음 알았다.

새로운 자취방을 얻으려면 적어도 몇 백만 원의 보증금이 당장 수중에 있어야 했다. 다달이 내야 하는 월세에 마음이 쪼들리지 않으려면 만약을 대비해서 몇 달치 비상금도 안전하게 채워놓아야 했다. 대학교 1학년이었지만 용돈과 생활비를 온전히 내가 충당해야 했기에 나는 이미 그때도 아르바이트로 중고생 영어 과외를 다섯 손가락이 넘어갈 만큼 하고 있었다. 하지만 상황이 상황이었던 터라 조금 무리가 되더라도 과외를 조금 더 늘리기로 작정했다. 시간은 유한한데 여러 스케줄을 소화해내려다 보니 대학생 시절부터 시간을 쪼개서 쓰는 기술에 숙련될 수 있었다. 그때부터 몸에 배인 습관 덕분에 나는 지금도 시간 관리를 굉장히 잘하는 편이다.

내가 과외를 여러 개 할 수 있었던 또 다른 비결 중 하나는 밝음과 싹싹함이었다. 더부살이 면접에서 떨어진 이후, 나는 능력과 별개로 '태도'가 얼마나 중요한지 뼈저리게 느꼈다. 바른 말도 얄밉게 하는 사람이 있는가 하면, 자질은 조금 모자라다 싶은데 긍정적인 태도가 플러스로 작용해서 좋은 인상을 받는 사람들도 있다. 그 부분을 깨닫고 나자 나는 학생이 어떤 부분이 부족한지, 무엇을 잘하는지 등을 어머님께 주기적으로 꼼꼼하고 친절하게 피드백을 드렸다. 큰 노력이 필요한 일은 아니었지만, 5~10분 정도 할애해 상담을 겸한 피드백 시간을 갖고 나면 어머님께서 한결 안심하시고 이후로도 믿고 맡겨주시는 게 느껴졌다. 신뢰는 꼬리에 꼬리를 물고 과외 자리 소개로 이어지기도 했다.

이렇게 나만의 노하우를 바탕으로 대학교 1학년 겨울방학 동안 정말 몸이 부서져라 아르바이트를 한 결과, 나는 2학년 1학기가 시작하기 전, 학교 후문에서 1분 거리인 곳에 자취방을 얻을 수 있었다. 그곳이야말로 진정한 의미에서 내 인생 첫 번째 자취방이었다. 보증금 100만 원에 월세 20만 원짜리 집. 지금은 보증금 100만 원 이라고 하면 굉장히 저렴한 것 같지만, 거의 20년 전 시세임을 감안 하면 나에겐 적은 돈이 아니다. 게다가 그리 적지 않은 돈을 보증금 으로 냈지만, 이 집은 집이라고 부르기엔 조금 부족한 구석이 있는 집이었다. 쉽게 말하자면 집은 집인데 집이 아닌 그런 집이었다.

이게 도대체 무슨 말이냐고? 1층을 상가로 쓰는 다가구주택들을 보면 대개 1층과 2층 사이에 화장실이 있다. 1층 상가를 이용하는 손님들을 위한 공간인 셈이다. 내가 세 들어 살게 된 집이 바로 이 화장실 자리를 주거 공간으로 개조한 곳이었다. 한 명이라도 세입 자를 더 받으려는 건물 주인의 꼼수였다. 원래대로라면 화장실 자 리였으니 현관이 따로 없어서 신발을 바깥 계단에 두고 생활하는 웃지 못할 일이 일상이었다. 세입자를 여자들로만 받고, 밤이 되면 건물 전체 입구에 문단속을 철저히 해서 불미스러운 일을 겪지 않 은 것이 천만다행이었다.

공간도 비좁고, 창문도 없어 볕 한 줌도 들어오지 않는 공간이었 지만 하루 일과를 마치고 방 안에 홀로 누워 있으면 그렇게 행복할 수가 없었다. 때때로 이문동 자취방은 내가 유년시절을 보냈던 고 향집 창고 방을 떠오르게 만들었다. 내가 중학교 2학년 때까지 부 모님은 동네에서 치킨 가게를 운영하셨는데, 뒤편에는 가게에 딸린 작은 창고 같은 방이 있었다. 나와 남동생은 그 창고 방에서 생활을 했다. 아이 둘이 누우면 꽉 찰 만큼 좁았기 때문에 부모님은 하루 영업을 마치면 셔터를 내리고 가게의 팔걸이 없는 의자를 붙여서 그 위에 이불을 깔고 한뎃잠을 주무셨다. 욕실도 따로 없어서 가게 바깥에 있는 수도꼭지를 틀어서 아침저녁으로 세수를 하고 양치질을 했다. 화장실은 상가 화장실을 사용했다. 내가 사는 곳이 집이라고 부르기엔 너무 변변치 않다고 생각해서 부끄럽고 창피한 마음에 한 번도 친구를 데려온 적이 없을 정도였다.

그중에서도 가장 곤혹스러울 때는 등교 시간이었다. 부모님이 운영하시던 치킨 가게는 내 또래 여중생들이 지나다니는 상가 건물에 있었는데, 타이밍을 잘못 맞춰 나가면 친구들과 마주칠 위험이 있었기 때문이다. 차라리 가게 앞문으로 나가면 부끄러움이 덜 할 텐데. 지저분하고 낡고 개똥이 잔뜩 있는 상가 뒤 터의 철문을 나가야 해서 나는 등교 시간마다 누가 볼세라 마음을 졸였다. 사춘기 중학생에게는 숨기고 싶은 비밀이 하나쯤은 있기 마련인데, 나에게는 내가 사는 집이었다. 밤에 쥐가 나와도 참을 수 있었다. 한밤중에 볼일을 보러 슬리퍼를 신고 먼 데까지 깜깜한 길을 걸어가도 괜찮았다. 하지만 친구들이 내가 어떤 집에 사는지 아는 일은 죽을 만큼 피하고 싶었다.

이문동 자취방에 누워 가만히 눈을 감고 있으면, 10대 철부지 소녀의 마음이 새삼 떠올랐다. 그래 봤자 5~6년 전의 내 모습이었다. 하지만 내 몸 하나 편히 뉘일 공간을 스스로 얻기 위해서 얼마나 치열하고 힘든 시간을 보내야 했는지 깨달은 스무 살은 더 이상 불평 따윈 할 줄 모르게 되었다. 아니, 불평을 할 줄 모르게 된 것이 아니었다. 더 이상 내 삶의 환경에 불평을 하지 않기로, 부끄러워하지 않기로 '결심'한 것이었다. 만 스무 살의 문턱을 넘으며 나는 삶의 무게가 얼마만큼 무거운 것인지, 내 삶을 스스로 책임진다는 것이 무엇인지 어렴풋하게 알게 되었다. 그 깨달음이 지금 내가 가진 것에 감사할 줄 아는 마음으로 이어졌다. 번듯한 공간은 아닐지언정 내가 좋아하는 것들로 꾸며진 작은 나만의 공간에서 나는 충분히 행복했다. 그 작지만 사소한 행복 때문이었을까? 내가 노력을 멈추지 않는다면, 인생이 나에게 멋진 선물을 줄 것이라는 믿음이 조금씩 생겨나기 시작했다.

☆☆☆

삶의 터닝포인트는 언제인가?

The turning point in life

성공한 사람들의 이야기를 듣고 있자면 자주 등장하는 것이 바로 '터닝 포인트'다. 누군가는 일상 중 다소 충격적인 일들을 단순한 '사건'으로 여기고 대수롭지 않게 흘려보낸다. 하지만 성공한 사람들의 대다수는 이 일련의 사건들이 단순히 일어난 것이 아니라 자신의 인생에 아주 특별한 '의미'를 지닌다고 생각한다. 그리고 더 나아가 그 의미를 지속, 확대시킬 수 있는 다른 활동으로 승화한다. 그렇게 그 사건은 누군가에게는 터닝 포인트가 된다.

"인생의 터닝 포인트는 언제이신가요?"

영어 강사로서 어느 정도 이름이 알려지고 나니 종종 인터뷰나 특강 제안이 들어오곤 한다. 그때마다 열에 아홉은 내 인생의 터닝 포인트를 묻는 질문들이 빠지지 않는다. 자신의 분야에서 나름의 성취를 일군 사람이 경험한 극적인 변화의 순간을 알고 싶은 마음이 누구에게나 있기 마련이라서 그런가 보다. 그리고 질문의 뉘앙스는 내 직업이 영어 강사인 만큼 '어떤 계기로 영어를 잘하게 되었느냐'는 궁금증이 담겨 있을 때가 많다. 이 질문을 받을 때마다 내 머릿속에는 늘 '그의 얼굴'이 떠오른다. 나를 '영어'라는 멋진 신세계로 이끌어준, 내 유년시절의 영원한 스타, 글렌 메데이로스의 얼굴이. 그가 없었더라면 나는 대학에서 영어를 전공할 생각도, 다른 나라에 가서 공부를 하고 싶다는 생각도 하지 못했을 것이다. 아니, 애초에 무언가를 간절히 좋아하며 그것을 나의 꿈으로 삼을 생각조차 하지 못했을 것이다. 내 인생은 그를 만나며 180도 바뀌었다.

내가 그를 처음 알게 된 것은 중학교 1학년 2학기 때였다. 한참 감수성이 예민하던 사춘기 시절, 라디오에서 흘러나오는 노래들은 당시 나의 숨구멍들 중 하나였다. 밖에서는 늘 활달하고 구김살 없는 아이처럼 행동했지만, 비좁은 창고 집에만 들어서면 나도 모르게 한숨이 푹푹 나오고 풀 죽은 얼굴이 되던 시기였다. 그와 처음 만났던 날도 하교 후 별다른 일 없이 차가운 방바닥에 엎드려 라디오에 귀를 기울이며 오후 시간을 보내고 있을 때였다. 중학교

1학년에 입학할 때만 해도 나는 알파벳조차 쓰지 못할 정도로 '영알못'이었다. 그러던 내 귀에도 선명히 들려오던 'Love for you'와 'I love you'라는 달콤한 가사와 감미로운 멜로디에 나는 번쩍 정신이 들고 말았다. 가사의 뜻이 정확히 무엇인지 알지 못했지만 연인을 향해 절절히 사랑을 고백하는 노래라는 것을 충분히 알 수 있었다. 노래가 끝나자 또 듣고 싶다는 생각이 밀려왔다.

우리집 형편이 어려운 줄 알고 있었지만, 나에게는 그 가수의 카세트테이프를 살 5,000원이 절실했다. 어렵게 엄마를 설득해 5,000원을 받아, 곧바로 레코드 가게로 향했다. 지금이야 인터넷으로 모든 정보를 빠르게 찾아볼 수 있지만, 그때는 인터넷이 존재하지도 않았다. 어떤 노래를 찾냐는 레코드 가게 주인아저씨의 말에 나는 지푸라기라도 잡는 심정으로 최대한 기억을 살려 후렴 부분의 멜로디를 흥얼거렸다. 다행히 아저씨는 "그 노래 요새 유명하지" 하고 주섬주섬 진열장을 찾아보더니 카세트테이프 하나를 꺼내줬다. 앨범 재킷에 담긴 올드팝 스타의 잘생긴 얼굴과 깊은 눈망울은 사춘기 소녀의 마음을 사로잡기에 충분했다.

글렌 메데이로스의 노래를 시작으로 나는 라디오에 미리 공 테이프를 넣어두고 좋아하는 팝송이 흘러나오면 녹음 버튼을 눌러서 나만의 팝송 카세트테이프를 만들었다. 카세트테이프를 사기엔 주머니 사정이 넉넉하지 않았던 내 나름의 방법이었다. 그렇게 만든 팝송 카세트테이프들이 늘어질 때까지 듣고 또 들었다. 처음에는 멜로디가 좋아서, 그리고 영어의 부드럽고 세련된 발음이 좋아서 반복해서 들었다. 시간이 조금 지나자 이번에는 가사 속에 담긴 의미를 제대로 알고 싶어졌다. 우선은 영한사전을 가지고 새로운 단어의 뜻을 익혀가며 노래 가사를 해석해나갔다. 하지만 단어 뜻을 아는 것만으로는 의미 해석이 충분하지 않을 때도 있었다. 그리고 좋아하는 가수에게 팬레터도 쓰고 싶었는데 그렇게 하자면 문법을 비롯해서 영어 공부를 더 잘해야겠다는 생각이 자연스럽게 들었다. 바깥의 강요가 아닌, 내 안에서 피어오른 동기였기 때문이었을까? 어느 순간부터 영어 공부에 탄력이 붙기 시작했다.

넉넉하지 않은 가정형편상 내가 할 수 있었던 가장 효율적이고 경제적인 영어 공부 방법은 교과서와 EBS 방송을 충실히 보는 것이었다. 과외나 학원은 언감생심 꿈도 꿀 수 없었다. 수능 만점자에게 수능 만점의 비결을 물으면 교과서 중심으로 공부했다고 대답하는 모습을 많이 볼 수 있는데, 나는 이 말이 그냥 하는 말이 아니라 진짜라는 사실을 중학교 때 생생하게 체험했다. 나는 교무실로 가서 원어민 발음이 녹음된 테이프를 빌릴 수 있는지 여쭤봤다. 늘 혼나느라 교무실에 들락날락하던 아이가 테이프나 교재를 달라고 하니 선생님이 처음에는 "너 이거 가지고 어디 쓰려고!"라며 호통쳤다. 내가 공부를 할 것이라는 생각 자체를 하지 못한 것이다.

하지만 모르는 것을 수시로 물어보러 오는 일이 하루, 이틀, 일주일, 한 달……. 꾸준히 이어지니 영어 선생님께서 먼저 교재를 주시기도 하고, 내 영어 공부를 더 신경 써주시기 시작했다. 내가 가르치는 입장이 되고 보니 먼저 질문하는 학생들, 의욕적으로 공부하는 학생이 그렇게 예뻐 보일 수가 없더라. 그런 학생들에게는 하나라도 더 알려주고 싶은 게 인지상정이다. 당시 나의 영어 선생님도 그런 마음이셨겠지. 그렇게 중학교 2학년 시절 내 영어 실력은 극적으로 퀀텀 점프를 했고, 중학교 3학년 때는 도내 영어 대회에 학교 대표로 참가할 만큼 실력이 단단해져 있었다.

그 당시 내가 했던 공부법 중에 영어 강사의 입장에서 되돌아봤을 때, 정말 탁월했다고 여겨지는 공부법은 '듣고 말하기'에 큰 비중을 두었던 것이다. 나는 영어 강사 사이에서 순수 국내파에 속하는데, 그럼에도 불구하고 해외에서 오래 공부하신 분들만큼 발음이 좋다는 평가를 많이 받는 편이다. 아마 그 비결은 팝송 듣기를 비롯해서 원어민들의 발음이 담긴 회화 테이프를 많이 들었던 덕분인 것 같다. 또래들보다 영어 공부를 늦게 시작한 것에 비해 귀가 금방 트다 보니 그 이후로도 영어 공부가 한결 쉬웠던 기억이 난다. 독해와 문법 중심의 영어 교육 환경 속에서 듣기, 말하기를 소홀하지 않았던 이유도 가만 생각해보면 나의 첫사랑, 글렌 메데이로스가 열어준 올드팝에 대한 사랑 때문이었지 싶다.

질풍노도의 시기라 불리는 중학교 사춘기 시절, 한 팝스타와의 만남이 계기가 되어 나는 '영어'라는 새로운 세상에 눈을 뜨게 되었다. 중요한 것은 글렌 메데이로스와의 만남을 통해 영어 실력이 좋아진 것뿐만이 아니었다. 어떤 한 분야에 대한 내 실력에 자신감이 생기고 나니 그것이 건강한 자존감으로 작용하여 내 마음의 중심을 단단하게 붙잡아주었다. 그리고 영어는 나의 평생 밥벌이 수단이 되어 부와 명성을 가져다주었다. 내가 팝스타 글렌 메데이로스와의 만남을 내 인생의 터닝 포인트로 여기는 이유다.

중학생 사춘기 시절에는 글렌 메데이로스의 〈Nothing's gonna change my love for you〉 가사 중 '무엇도 당신을 향한 나의 사랑을 바꿀 순 없다'라고 말하는 부분에서 늘 마음이 설렜다. 하지만 인생의 중반을 향해가는 지금, 나를 새로운 세계로 데려다준 그의 노래를 다시 들을 때마다 내 시선은 늘 이 구절에 머문다.

If the road ahead is not so easy

Our love will lead a way for us

Like a guiding star

(우리 앞에 펼쳐진 길이 쉽지 않다면

우리의 사랑이 길잡이별처럼

방향을 가르쳐주겠지요.)

어쩌면 인생의 터닝 포인트란 내가 인생에 걸쳐 열렬히 사랑하게 될 것을 발견하는 그 순간이 아닐까? 글렌 메데이로스의 노래 속에서 길잡이별은 연인을 향한 사랑이었다. 풍족하지 않은 사춘기를 건너는 와중에 내가 흔들리지 않도록 인도해준 길잡이별은 영어에 대한 사랑이었다. 만일 지금 당신의 삶이 무료하고 고여 있는 것만 같아 권태로운가? 그렇다면 부디 당신의 마음을 사로잡을 만한 당신만의 무언가를 꼭 발견해내길 바란다. 그것에 대한 사랑과 열정이 길잡이별이 되어 당신 삶의 터닝 포인트가 되어줄 테니 말이다.

꿈과 돈, 갈림길에서 선택해야 할 것

What to choose between dream and money

혹시 꿈과 돈 사이에서 갈등하고 있는가? 꿈을 좇자니 당장 돈이 안 되어 힘들고, 돈을 좇자니 나의 인생이 너무 허무하게 끝날 것 같아 두려운가? 자, 중요한 것은 당신이 반드시 둘 중 하나만 선택해야 할 필요가 없다는 것이다. 누군가는 2가지를 모두 가져가기도 한다.

나를 여러모로 힘들게 만들었던 자취방 문제가 해결되고 나자 앓던 이가 빠진 것처럼 매일이 가뿐했다. 하지만 다이어리에 빼곡히 적힌, 쉴 틈 없는 과외 아르바이트 스케줄을 볼 때면 한편 이런 생각도 들었다. '어휴, 서울대에 갔으면 이것보다 더 적게 과외해도 더 많이 벌었을지도 모르겠다.'

사실 나는 서울대에 입학할 수 있었다. 나는 전교생 1,200명의 고등학교에서 보통은 전교 4등 이내의 좋은 성적을 유지했다. 중학교 때 우연한 계기로 영어 공부에 큰 흥미를 붙인 뒤로 영어 실력이 급상승했는데, 이것이 자신감의 발판이 되어 다른 과목들에서도 대체로 좋은 성적을 거두곤 했다. 그 덕분에 농어촌 특별 전형을 통해 서울대 수시 입학 지원도 충분히 노려볼 수 있었던 것이다.

지금은 달라졌을 수도 있겠지만, 내가 대입을 준비하던 20여 년 전에는 소위 'SKY'에 학생들을 많이 진학시켜야 명문으로 인정을 받았다. 분위기가 그렇다 보니 서울대생 배출을 목표로 하는 학교 측의 욕심 때문에 학생 본인이 희망하는 학과에 원서를 넣지 못하고, 선생님들의 설득에 못 이겨 무조건 커트라인에 맞춰서 서울대 비지망학과에 지원하는 일들도 종종 생기곤 했다. 나 역시 그런 상황을 피할 수 없었다.

원래 나는 고등학교 1학년 때부터 진학하고 싶은 대학교와 학과가 명확했다. 바로 한국외대 영어과였다. 이유는 확실했다. '영어를 정말 제대로 배울 수 있는 학교에 가고 싶어!' 고등학교 교무실에 가면 대학 설명서 책자들이 많았는데, 나는 여러 학과들 중에서도 영어 관련 학과의 소개를 집중적으로 살펴봤다. 그런데 대부분의 대학들에서 영어를 배울 수 있는 곳은 영어영문학과였다. '어? 나는 영어라는 언어를 배우고 싶지, 문학은 사실 큰 관심이 없는

데…….' 그러던 차에 한국외대에 영어과가 있다는 사실이 눈에 들어왔다. 학과 설명을 좀 더 자세히 읽어보니 내 바람대로 영어라는 언어 그 자체에 대해 깊이 있게 배울 수 있는 곳이었다. '그래. 결정했어. 내가 갈 곳은 여기다!'

무엇보다 나에게는 한국외대를 가고 싶었던 또 다른 이유가 있었다. 어느 날 나는 아시아 최초로 통번역 박사 학위 취득, 국내 최초 동시통역사가 된 최정화 교수님의 다큐멘터리를 보게 되었다. 다큐멘터리를 보고, 그분의 인생과 영어를 유창하게 하는 모습에 깊은 감명을 받았다. 그 다큐멘터리를 보고 어디서 그런 용기가 났는지, 나는 최정화 교수님에게 편지를 썼다. 정확한 문장은 기억나지 않지만, 이런 내용이었다. '교수님의 다큐멘터리를 보았습니다. 저도 교수님처럼 영어를 잘해서 세계를 누비는 사람이 되고 싶습니다. 꼭 교수님이 계시는 한국외대에 가서 영어를 공부하고 싶습니다.' 그리고 놀랍게도 교수님에게 답장을 받았다. 나는 그 편지에서 평생 잊지 못할 문장을 만났다. "외국어를 잘하는 것은 당신의 삶을 풍요롭게 해줄 거에요." 회신까지 받았으니 나는 반드시 한국외대에 가서 교수님을 만나야겠다고 다짐했다.

그 뒤로 나는 너무도 당연하게 한국외대 영어과에 진학해 공부하는 내 모습을 상상하며 고등학교 생활을 이어나갔다. 이런 마음이 3학년 초반, 잠시 흔들렸다. 진로 및 진학 상담을 하며 담임 선생님께서 하신 말씀 때문이었다. "음, 재영이는 모의고사 성적이나 내신을 보니까 특별전형으로 서울대 입학도 가능할 것 같은데? 선생님도 한번 열심히 신경 써볼게. 계속 지금 성적 잘 유지해서 서울대를 노려보자." 그전까지는 전혀 생각도 못한 시나리오였다. '오, 내 성적으로 대한민국 최고의 대학교를 갈 수도 있다니!' 하지만 현실은 생각보다 냉정했다. 본격적으로 수시 원서를 써야 하는 3학년 2학기가 되고 서울대에서 내가 지원 가능한 학과들 목록을 쭉 살펴보는데…… 오 마이 갓! 내가 전혀 생각지도 않은 학과들만 나오는 게 아닌가. 나는 선택의 기로에 섰다. 서울대생 이름표를 얻을 것인가. 좋아하는 영어 공부가 가능한 학과를 갈 것인가.

갈등의 순간에 이르렀을 때 하는 선택이 그 사람의 본질을 잘 보여준다는 말이 있다. 어느 대학, 어느 학과에 원서를 넣을 것이냐 하는 선택의 순간, 나는 내가 품었던 처음의 마음을 떠올렸다. 영어라는 언어의 매력을 느꼈던 순간, 밤새는 줄도 모르고 신나게 영어 공부를 하던 모습 등을 회상하다 보니 갈등하던 마음은 사라지고 본질적인 것이 보였다. 나에게 중요한 것은 '서울대생'이라는 이름표가 아니었다. 마음껏 원하는 공부를 할 수 있는 환경이었다. 갈등하던 마음을 접고 내가 갈 방향을 뚜렷하게 정하니 마음이 홀가분해졌다.

하지만 내가 마음을 정했다고 해서 끝이 아니었다. 부모님과 선생님, 그리고 친한 친구들까지 모두 내 선택을 반대하거나 의아해했다. "재영아, 네 선택이 그렇다면 원하는 곳으로 원서를 써주기는 하겠다만 학교 명예도 있고, 일단 서울대 입학 뒤에 전과하는 방법도 있으니 한번 더 생각해보자.", "재영아, 그래도 서울대를 가는게 낫지 않아? 내가 너라면 뱀의 머리보다 용의 꼬리가 되는 게 나을 것 같아." 주변에서 쏟아지는 말들은 그래도 대수롭지 않았다. 내 마음을 무너지게 한 건 다름 아닌 부모님의 반대였다.

부모님이 나의 선택을 반대한 이유는 너무 가슴 아프지만, 돈 때문이었다. 한국외대는 사립대학이라서 등록금이 비싸니, 조금이라도 학비가 저렴한 국립대를 가야 한다는 것이었다. 차라리 서울대가 한국외대보다 좋은 학교니까 과에 상관없이 서울대를 가라고 반대하셨다면 덜 슬펐을 텐데. 그런데 돈 때문에 안 된다는 말을 부모님으로부터 들으니 그때는 정말 하늘이 무너지는 것 같았다. 심지어 엄마는 생전처음 학교까지 찾아와서 담임 선생님께 내가 학비가 싼 국립대에 지원하게끔 설득해달라고 간청하기까지 했다.

나는 비통한 마음에 이를 악 물고 부모님께 이렇게 말했다. "등록금 때문이라면 제가 장학생으로 들어가거나, 그게 안 되면 아르바이트를 해서라도 등록금이랑 생활비 모두 스스로 벌어서 낼 거예요. 그러니 제 꿈 꺾으려고 하지 마세요." 용의 꼬리가 낫지 않냐는 친구들에게는 이렇게 말했다. "용의 꼬리든 뱀의 머리든, 그게 중요해? 내가 좋아하는 것을 하다 보면, 나도 모르게 용의 머리가 되지 않을까?"

그렇게 열아홉의 가을, 나는 남들이 선망하는 서울대를 뒤로하고 모두가 반대했던 한국외대 영어과에 원서를 접수했다. 내가 내 인생을 향해 내던진 첫 번째 도전장이었다. 꿈과 돈 사이의 갈림길에서 나는 우선 꿈을 선택했고, 훗날 그것이 돈으로 자연스럽게 이어지는 길을 만들었다.

노력은 반드시 흔적을 남긴다

Efforts are bound to leave a mark

당신은 '끌어당김의 법칙'을 믿는 사람인가? 호주의 PD이자 방송작가였던 론다 번Rhonda Byrne이 《시크릿》이란 책에서 이야기했던, 수세기 동안 단 1%만이 알았던 위대한 부와 성공의 비밀 말이다. 이 책이 한국에 출간되기도 전에 나는 이미 끌어당김의 법칙을 몸으로 체험한 적이 있다. 그때는 내가 경험한 일을 두고 '아, 이런 게 끌어당김의 법칙이구나'라고 생각하지 못했다. 하지만 분명 내가 할 수 있는 모든 것을 다 하고 하늘의 결정을 기다리는 '진인사대천명盡人事待天命'이라는 말에 대한 믿음은 기억한다.

나는 평소보다 더 열심히 수능 준비에 몰두했다. 이 무렵 나는 혹시라도 수능에서 미역국을 먹으면 어떡하나 싶은 불안감에 휩싸였다. 타고난 성향이 낙천적인 편인 데다가 나름 공부 자신감이 있었던 터라서 그때까지 성적 때문에 마음을 졸인 적이 한 번도 없었는데도. 불안함이 마음에 자리하니 공부에 집중할 수 없었다. 공부도 공부였지만 불안정한 마음을 달래는 것이 우선이었다. 이즈음 나에게 새로운 습관이 생겼다. 낙서였다. 물론 그전에도 공부를 하다가 지루해지면 노트 한 구석에 심심풀이로 그림을 그리거나 실없는 말들을 적기도 했다. 그러나 이번에는 조금 달랐다. 바로 '자기 암시'가 들어간 낙서였기 때문이다. 나는 불안한 생각이 몰려오는 순간이면, 노트에 마치 주문처럼 이렇게 적어 내려갔다. '나는 이번 수능에서 376점을 맞는다. 나는 이번 수능에서 꼭 376점을 맞는다…….' 여기에 더해 어떻게 해서 376점이 나오는지를 영역별로 세분해서 점수를 반복해서 적곤 했다(내가 수능을 치를 때는 400점이 만점이었다). 지금 생각하면 다소 어처구니없는 행동이기도 한데, 그때는 그렇게 반복하고 나면 정말로 내가 그 점수를 받을 것만 같은 생각이 들었다.

수능 당일에도 나는 '이번 수능에서 꼭 376점을 맞는다'라는 문장을 되뇌며 고사장에 입실했다. 시험을 치르는 동안의 기억은 이제 하얗게 휘발되어서 잘 기억이 나지 않는다. 다만, 시험을 치르고 나오면서 뭔가 될 것만 같은 기분이 들었던 것만은 또렷이 기억한다. 몇 주 뒤, 수능 성적표가 나왔다. 나는 성적표를 보는 순간 온

몸에 소름이 돋았다. 합계 점수 칸에 믿기지 않는 숫자가 적혀 있었다. '376점'. 나는 이 숫자를 평생 잊을 수 없다. 영역별 점수는 차이가 있었지만, 총점은 눈을 씻고 다시 봐도 376점이었다.

이 일이 있고 몇 년 뒤 론다 번의 《시크릿》이 한국에도 출간되었다. 베스트셀러는 그 시대 사람들의 욕망을 반영한다고 하지 않나. 부와 성공의 비밀을 알려준다는 이 책에 많은 사람이 열광했다. 하지만 뜨거운 호응을 얻는 것은 그만큼의 비난도 받는 법. 책에 등장하는 '끌어당김의 법칙'을 한낱 미신처럼 여기는 사람들도 있었다. 그런 목소리를 들을 때마다 나는 속으로 이렇게 말했다. '아니에요. 끌어당김의 법칙은 분명 있어요. 간절히 원한다면 그리고 행동한다면, 당신의 꿈은 이뤄진다고요! 제가 그 증거랍니다.'

나는 끌어당김의 법칙을 믿는다. 더 정확하게 말한다면 끌어당김의 법칙이 자신의 삶에서 작용할 수 있는 환경을 만드는 그 사람의 극진한 노력을 믿는다. '나는 이번 수능에서 376점을 맞는다'라는 문장 앞뒤로 빼곡했던, 나의 간절했던 공부의 흔적을 믿는다. '노력은 배신하지 않는다'라는 말은 빤하지만, 그 노력의 시간들은 절대로 빤하지 않음을 믿는다. 그렇게 간절한 바람과 노력 끝에 드디어 나는 원하던 대학, 원하던 학과에 당당히 입학했다. 나를 더 멋진 곳으로 데려다줄 인생의 새로운 바람이 저 멀리서부터 불어오고 있었다.

☆☆ 웃어라, 밝은 웃음은 전 세계에 통한다

There's magic in your smile

나는 세상 어디서나 통하는 단 하나의 공통어를 알고 있다. 바로 스마일이다. 왜 그런지 지금부터 나의 경험을 이야기해보고자 한다. 대학 다닐 때 나의 꿈은 미국에 교환학생으로 가는 거였다. 그런데 당시 학교에서는 미국 대학 교환학생을 1년에 단 한 명만 선발했다. 정말 가고 싶어서 치열하게 공부한 끝에 토플 점수는 한번에 원하는 점수를 얻는 데 성공했다. 마지막 관문인 원어민 교수님과의 최종 인터뷰도 무사히 마쳤다. 당시 인터뷰어였던 교수님은 내가 굉장히 인상에 남았다고 했는데, 내가 무조건 교환학생에 뽑혀야 한다고 눈을 반짝이면서 말하던 모습을 잊을 수 없다고 했다. 그런데 서류 미비와 통장에 돈이 없어서 비자를 2번이나 거절당하고 말았다. 마지막 기회인 세 번째 신청 때, 아빠 친구분이 빌려주신 3천만 원을 통장에 넣고 대사관에 손편지까지 마음을 꾹꾹 담아 썼다. 그 편지 덕분인지는 모르겠지만, 세 번째 비자 신청이 승인되어 우여곡절로 미국에 교환학생으로 갈 수 있었다. 내가 교환학생으로 가게 된 학교는 미국 시카고의 사립 크리스천 대학교인 노스 파크 유니버시티North Park University였다.

현지인들과 수업을 비롯한 일상을 함께하면서 영어로 소통하는 가운데에 내 영어 실력이 꽤 괜찮음을 확인받는 날들이 이어지자 초반의 다소 무기력하고 침울했던 기운이 차츰 사라지기 시작했다. 겨울에 간 터라 매우 추웠지만, 햇살은 너무 밝고 따사로웠다. 나는 광합성이 제대로 이루어지는 나무처럼 푸른 잎사귀를 쭉쭉 뻗어나가기 시작했다. 지천에는 내가 보고, 듣고, 배울 것투성이였다. 나는 하나라도 놓칠세라 늘 기민하게 안테나를 세우고 캠퍼스를 활보했다. 시카고의 햇살은 나를 다시 생활력 강하고 의욕적인 사람으로 되돌려놓았다.

금산에서 서울로, 서울에서 미국으로, 시간이 흐름에 따라 내가 발을 내딛는 영역들이 조금씩 넓어져갔다. 더불어서 나의 정신적인 영토도 확장되어갔다. 특히 나다움을 존중받았던 경험, 자유와 실용성이라는 가치를 중시하는 미국 사회의 분위기는 정형화된 틀을 강요하는 한국적 분위기에 젖어 살던 내게 신선하고도 커다란 충격이었다. 어느 정도로 개인의 선택과 자유로움이 존중받느냐 하면 일례로 아침 수업 시간에 지각할 뻔한 친구가 파자마를 입고 강의실에 들어왔는데도, 누구 하나 지적하거나 비웃는 사람이 없었다. 우리나라였으면 두고두고 놀림감이 될 일이었다. 하지만 그곳에서는 기행 같아 보이는 행동조차 남에게 해를 끼치지만 않는다면 개인의 개성으로 수용되거나 나름의 이유가 있는 사생활로서 존중받았다. 내가 수업에서 만나는 학생들이나 동생들에게 기회가 닿는다면 젊은 시절에 한 번쯤은 꼭 미국에 나가보라고 권유하는 이유다.

드라마 〈도깨비〉에 '날이 좋아서, 날이 좋지 않아서, 날이 적당해서 모든 날이 좋았다'라는 명대사가 나온다. 교환학생 시절의 모든 날들이 내게 그러했다. 다만 한 가지 걱정이 있었다. 학생 비자로 온 경우에는 원천적으로 경제활동이 불가했다. 교환학생 기간 동안에는 버는 돈 없이 그동안 모은 돈을 까먹는 수밖에 없었다. 미국에 있는 동안 뭐든지 경험하고 배우려고 무진 애를 썼던 데에는 수입 없이 지출만 생기는 상황이 한몫했다. '내가 이렇게 비용을 쓰는데, 얻고 가는 게 많아야지!' 하는 그런 마음.

그렇다고 해서 '본전은 찾으려는 마음'만으로 교환학생 시절을 보냈던 것은 아니다. 학교에서 딱 한 명 선발되어 교환학생으로 오게 되자 내가 학교 대표라는 생각에 은근히 어깨가 무거웠다. 이러

저러한 상황들이 작용하여 나는 200%의 에너지를 발휘해서 모든 활동에 최선을 다했다. 얼마나 열정적으로 활동을 했냐면, 현지인 사이에서도 경쟁률이 치열한 학교 기숙사 사감에까지 뽑혔을 정도였다. 일종의 기숙사 반장 같은 것이었는데, 기숙사 사감을 하면 기숙사 비용이 공짜였을 뿐만 아니라 방도 혼자 쓸 수 있었다(1인실이 공짜라니!). 게다가 기숙사 사감을 하면 1층 인포메이션 데스크에서 아르바이트도 가능했다(아니, 돈까지 벌 수 있다니!). 한 푼이라도 절실했던 내게 기숙사 사감 자리는 너무 매력적으로 다가왔다.

메리트가 많았던 만큼 경쟁도 꽤 치열했다. 많은 학생이 기숙사 사감에 지원했는데, 대부분이 원어민 학생이어서 조금 주눅이 들긴 했지만 나는 교환학생 최종 면접을 볼 때처럼 면접관의 눈을 바라보며 내가 꼭 되어야 하는 이유에 대해서 또박또박 설명했다. '되면 더할 나위 없이 좋겠지만, 안 되더라도 너무 실망하진 말자. 그래도 최선을 다해서 면접에 응했으니 충분히 잘했어.' 며칠 뒤 게시판에 기숙사 사감으로 누가 뽑혔는지 공고가 붙었다. 체념 반, 기대 반 하는 마음으로 공고문을 살펴봤다. 오 마이 갓! 거기엔 내 이름이 또렷하게 적혀 있었다.

여러 후보들 가운데에서 동양인 여학생이었던 내가 기숙사 사감으로 선정될 수 있었던 이유는 무엇이었을까? 나중에 안 사실이지만 심사위원이 면접에서 나의 웃는 모습을 보시고는 함께 기숙사를 사용하는 학생들에게 그 누구보다 친절하고 좋은 친구가 되어줄 수 있을 것 같다는 확신이 들었다고 했다. 그러고 보면 실력이 비등비등할 때 상황을 판가름하는 것은 역시나 태도다. 이후로 교수님도, 그리고 기숙사 친구들도 나를 이렇게 부르곤 했다. "Hi, Ms. Smile!(안녕, 미스 스마일!)" 밝은 웃음은 어디에서나 통하는 공통어였다.

지금도 교환학생 시절을 떠올리면 늘 햇살이 비춰지는 것만 같았던 그때의 느낌이 여전히 생생하다. 돌이켜보면 그때가 내 20대의 황금기이자 대학생활의 정점이었다. 주위의 모두가 나를 미스 스마일이라며 환대해주던 날들. 돈 걱정은 잠시 접어두고 새로운 세상에 나를 신나게 맡겼던 날들. 현실의 벽에 부딪혀 교환학생 지원을 포기하고 늘 지내던 대로 대학생활을 마무리했다면, 내 세상은 지금만큼 더 넓어질 기회를 얻지 못했을 것이다. 그러니 감히 권하고 싶다. 조금 무리가 되는 것 같더라도, 조금 버거운 것 같더라도 원하는 것을 향해 한 걸음 내딛기를 멈추지 말라고. 언제나 웃으면서 그 길을 걸어가라고. 그 힘겨운 한 걸음 뒤에 분명 더 넓고 찬란한 세상이 당신을 기다리고 있을 테니.

행복의 우선순위를 매겨라

Prioritize happiness

인생에서 정말 중요한 것은 무엇일까? 행복에 우선순위를 매길 수 있을까? 처음 이런 생각을 했던 건 첫 직장에 입사했을 때였다.

시카고의 눈부셨던 날들을 뒤로하고 한국으로 돌아오니, 취업 준비가 코앞이었다. 대학 입시라는 미션을 클리어한 지 몇 년 지나지 않은 것 같았는데, 또다시 새로운 미션이 나를 기다리고 있었다. 이번에 넘어야 하는 산은 한층 더 높고 험준해 보였다. 영어를 좋아해서 영어과로 진학했지만, 인문대생의 취업은 고난이도의 퀘스트였다. 학점도 좋았고, 교환학생을 다녀온 이력도 있었고, 아르바이트로 바쁜 중에도 틈틈이 챙긴 외부 활동들 덕분에 소위 말하는 '스펙'이 나쁜 편은 아니었다. 그래도 안심할 수 없어서 꽤 많은 기업에 자기소개서와 이력서를 보냈다. 내가 경험한 서사는 동일한데, 회사가 원하는 인재상이나 내가 지원하는 직무에 맞춰 이야기를 새롭게 정리하는 시간들로 하루가 채워졌다.

마음 같아서는 '영어'라는 내 특기를 살린 진로로 나아가고 싶었다. 방법은 여러 가지였다. 대학원에 진학해 교직 이수를 해서 영어 선생님이 되거나 외무고시를 준비하면서 외교관을 꿈꿀 수도 있었다. 하지만 어떤 꿈이든 직업적으로 그것을 성취하기까지 내가 더 공부하고 준비할 시간이 필요했다. 시간도 시간이지만, 그 시간 동안 공부에만 집중하며 버틸 수 있는 돈이 필요했다. 하지만 그때의 나는 그곳이 어디든 간에 돈을 많이 벌 수 있는 곳에 취직하는 것이 가장 급했다. 기업 입사 역시 쉬운 길은 아니지만, 졸업 후 회사에 취직해 본격적으로 경제활동을 시작하는 것이 내가 할 수 있는 최선이라고 믿었다.

처음엔 나름대로 의욕적이었지만, 비슷한 루틴의 반복이 이어지니 취업 원서 쓰는 날들이 조금씩 힘겨워지기 시작했다. 그 와중에 불합격 소식을 들으면 그날 하루는 침울했다가, 면접을 보러 오라는 소식을 받으면 얼굴에 화색이 도는 불안정한 날들이 이어졌다. 3차 면접에 이어 최종 합격 소식을 들은 곳은 총 3군데였다. 중공업 회사, 해운 회사, 그리고 보험사. 그중에서 나는 신입 초봉이 제일 많은 회사에 입사하기로 선택했다(무조건 월급이 많은 곳으로 가자!). 신입사원 교육을 마친 뒤 목에 사원증을 걸고 첫 출근하던 날. 내가 정말 원해서 하는 일인가, 하는 의문이 마음 한구석에 있었으나 내가 사회의 일원으로 받아들여진 것만 같던 느낌은 꽤 근사했다. 그때는 그곳이 내 인생의 처음이자 마지막인 회사가 될 줄은 꿈에도 몰랐지만.

기업조직 안에서 인문대생들이 전공을 100% 살려 들어갈 수 있는 팀은 그리 많지 않았다. 나는 영어를 전공했지만 인사교육팀에 배치되었다. 대학 학부에서 쌓은 소양 위에 낯선 배움들이 더해졌다. 자본주의의 바퀴를 잘 굴러가도록 만드는, '사람'이라는 자원을 효율적으로 활용해 좋은 아웃풋을 낼 수 있는 노하우들을 하나둘씩 배워나갔다. 그중에는 기꺼이 동의할 수 있는 배움과 내 것으로 삼고 싶지 않은 배움이 공존했다. 사람도 마찬가지였다. 존경하며 믿고 따르고 싶은 사람들이 생긴 만큼 가능한 멀리하고 싶은 사람도 생겼다. 일과 사람에 상처받고, 또다시 일과 사람으로 회복하는 날들이었다.

영어를 잘하는 것이 회사생활에 도움을 주기도 했지만, 그것이 회사생활의 전부를 커버해주지는 않았다. 당연했다. 영어는 도구일 뿐, 목적일 수는 없었다. 집에도 생활비를 보내드려야 했던 상황이라 나는 회사를 다니면서도 직장생활에 방해가 되지 않는 선에서 짬짬이 영어 과외 아르바이트를 이어나갔다. 2가지 일을 겸

할수록 회사 일보다는 누군가에게 영어를 가르치는 일에 내 적성이 있음을 알게 되었다. 엄격한 상명하복의 조직 문화보다 자유로운 프리랜서가 내 성격과 잘 맞기도 했다. 그래도 중심을 흐트러뜨리지 않으려고 노력했다. 내가 받는 월급에 최선을 다해야 스스로에게 부끄럽지 않았기 때문이다. 하지만 책임감으로만 회사생활을 이어가기에는 분명 내 안의 뜨거움이 식어버린 듯한 기분도 들었다.

그렇게 몇 개월이 지난 어느 날, 믿기지 않는 소식이 나와 내 동료들에게 들이닥쳤다. 서른 살도 채 되지 않은 입사 동기 오빠가 젊은 나이에 세상을 떠난 것이다. 사인은 과로와 스트레스. 결혼이란 경사를 한 달 앞두고 일어난 비극이었다. 불과 얼마 전까지만 해도 한 공간에서 교육을 받으며 웃고 울고를 함께 했던 오빠였기에 장지까지 따라가며 마지막을 배웅했다. 그러고도 아끼는 지인이 세상을 갑작스레 떠났다는 사실이 믿기지 않았다. 커다란 체구였던 선배는 화장을 마친 뒤 작은 유골함에 담겨 나왔다. 이 일 이후로 일상이 공허함으로 가득 찼다. 어떤 죽음은 남은 사람들에게 지금까지의 삶을 뒤로하고 다른 삶을 살게 만든다. '한 번뿐인 인생'이라는, 너무 뻔해서 그냥 흘려듣고 말았던 말이 외면하면 안 되는 생의 진실로 다가왔다.

사람은 언제 죽을지 모른다는 사실을 깨닫고 나자 행복의 우선순위에 대해 다시 생각하게 되었다. 그러고 보니 나의 20대 중반까지 내 삶은 늘 궁핍함을 벗어나려고 발버둥 치던 날들의 연속이었다. 문제집 살 돈도 없어 친구 문제집을 빌려서 공부하고 되돌려주던 기억, 돈이 없어 자취방을 구하지 못해 울면서 집에 들어가던 기억, 돈이 없어 합격하고도 외국 유학을 포기해야 할 뻔했던 기억……. 그래서일까? 돈과 관련된 것이라면 나는 늘 필사적이었다. 그러는 동안 정말 중요한 것을 잊고 살았음을 깨달았다. '돈이 중요한 것은 맞지만, 돈이 삶의 전부가 아니잖아.' 내가 진짜로 원하는 삶을 사는 것. 그럭저럭 마지못해 하며 보낸 하루가 아니라 내가 오늘 하루도 정말 뿌듯하게 잘 살아냈구나 칭찬해줄 수 있는 삶을 사는 것. 가슴이 뛰는 삶을 사는 것. 돈은 그다음이었다.

'언제 끝날지도 모를 삶인데 돈에 저당 잡힌 삶을 살지 말자. 더 이상 내가 원하지도 않는 일을 하며 시간을 낭비하지 말자. 회사를 나가면 얼마간은 힘들겠지만, 방법을 찾아보자. 분명 또 다른 삶이 펼쳐질 거야.' 그렇게 내 인생 첫 회사는 내 인생의 마지막 회사가 되었다. 학교와 직장, 그 어디에도 소속되지 않은 불안정한 시기가 덜컥 찾아왔다. 아니, 내가 그런 시절 속으로 자발적으로 뛰어들었다. 내가 내 인생에서 던진 두 번째 도전장이었다.

인생을 밝히는 단 하나의 문장

The very sentence that lights up life

퇴사 결심을 했지만 솔직히 말하자면 100% 속 시원한 퇴사라고 하기에는 아쉬운 것이 하나 있었다. 바로 집 문제였다. 당시 회사에서는 발령 등의 이유로 거주지를 옮겨야 하는 직원들을 위해 복지 차원에서 사택을 제공해주었다. 나는 그 혜택의 직접 대상자는 아니었지만, 사택 복지 혜택을 누리던 선배의 배려로 내가 그 공간을 쓸 수 있었다. 덕분에 회사를 다니는 동안에는 집 문제로 마음 졸일 일은 없었다. 퇴사는 단순히 월급만 포기하는 일이 아니었다. 유·무형으로 누리던 직장인으로서의 혜택들도 손에서 내려놓음을 의미했다.

퇴사를 결심하고 난 뒤 주말마다 나는 집을 알아보러 다녔다. 여러 지역으로 과외를 다닐 수 있게 지하철 교통이 편하면서 집값이 그나마 가장 저렴한 지역이라고 해서 왕십리 쪽에서 집을 알아봤지만, 내가 가진 돈으로 가능한 집은 반지하뿐이었다. 영화 〈기생충〉에서 기택이네가 살았던 곳과 같은 반지하 말이다. 번듯한 사택에서 하루아침에 반지하로 옮기려니 나도 모르게 한숨이 새어나왔지만, 어쩌겠는가. 이 역시 내 선택인 것을. 집을 보러 다닐 때마다 나는 잠깐의 후회를 다시 되돌리는 의식인 양 내뱉은 한숨을 거둬들이며 심호흡을 깊게 들이마시곤 했다. 2005년 봄, 나는 대기업을 퇴사했다. 스물여섯의 젊음은 삶의 방향을 또 한 번 바꾸며 더 지독한 현실 속으로 한 발짝 내딛었다.

퇴사 후 자유인이 되어 맞이하던 첫날. 어느 때처럼 나는 새벽 알람이 울리기 직전에 습관처럼 눈을 떴다. 관성이라는 건 떨치기 참 어려운 것이었다. 다시 눈을 붙여도 됐지만, 잠이 오지 않았다. 출근 준비를 해야 할 적에는 '5분만 더, 5분만 더' 하면서 늦장을 부리기도 했는데, 덜컥 큰 자유가 주어지니 이게 웬걸, 정신이 또렷해졌다. 나는 누운 채로 눈을 굴리며 집 안을 바라봤다. 빛이 어슴푸레 새어 들어오는 반지하 셋방 창문에 시선이 닿으니 현실감이 느껴졌다. '나는 지금 사람들이 걸어 다니는 땅보다 더 밑에 누워 있구나. 나는 언제쯤 지상의 삶으로 올라갈 수 있을까?'

그날을 시작으로 지하에서 지상으로 올라가기 위해 분투하는 날들이 이어졌다. 동네 아파트 단지에 영어 과외 전단지를 붙이고 평일, 주말 할 것 없이 1인이든 그룹이든 내가 할 수 있는 만큼 영어를 가르치는 일을 했다. 누군가에게 뭔가를 가르치다 보면 그 과정에서 다시 내 공부가 되곤 했다. 연령에 맞춰, 학생의 필요에 맞춰 가르치는 요령도 점차 늘었다. 회사 다닐 때 비즈니스 영어에 대한 감각을 익힌 것도 이때 큰 도움이 되었다. 당장 내 손에 쥔 것이 많지는 않았지만 좋아하는 일을 하며 내 시간과 에너지를 내가 컨트롤하며 살아간다는 감각이 좋았다. 단번에 내가 처한 상황이 좋아지는 것은 아니었지만, 나만의 방식으로 조금씩 앞으로 나아간다는 느낌이 좋았다. 어느 순간부터 나는 내 인생의 문장처럼 살아가고 있었다.

'Day by day, in every way, I'm getting better and better.'
나는 날마다 모든 면에서 점점 나아지고 있다.

고등학교 시절, 충청도에서 주관하는 학교 대표 리더십 함양 프로그램에 참여할 기회가 잇었다. 토론, 명사 초청 강연 프로그램으로 꽉 짜인 일정이었다. 학교 대표들이라고 해도 10대 학생들이었다. 선생님들 몰래 밤에 친구들과 신나게 놀다 보면 주간 프로그램을 할 때는 대체로 꾸벅꾸벅 졸기 마련이었다. 그날도 그렇고 그런 강연 중 하나인가 보네, 하며 듣는 둥 마는 둥하고 있었다. 노련한 강사 분께서는 졸음에 겨운 아이들을 다룰 줄 아는 분이었다. 갑자기 귀가 번쩍 뜨이는 말을 던지며 아이들의 관심을 환기시켰다. "그런데 여러분들은 자신이 한 명이라고 생각하시나요?" 내가 '그럼 한 명이지, 무슨 뚱딴지같은 말씀이시지?'라고 생각했지만 나는 이제 선생님의 그다음 말이 궁금해졌다.

강사 선생님의 말씀을 요약하자면 이랬다. '우리는 우리가 평소에 하는 생각이 진짜 내 생각이라고 생각하며 사는데, 사실 그것은 나의 에고ego가 만들어낸 환상이고, 그것을 넘어선 진짜 내 모습은 따로 있다. 그것을 '참자아'라고 부르는데, 그 참자아의 목소리가 이끄는 대로 사는 삶을 살아야 한다. 그리고 그러한 삶으로 나아가는 과정은 순간의 각성이 아니라 나날의 작은 변화가 쌓이는 동안 이루어진다.' 이런 설명을 하며 언급했던 격언이 바로 'Day by day, in every way, I'm getting better and better'였다. 내가 이 문장에서도 가장 좋아하는 부분은 바로 'better and better(더욱더 좋게)'이다. 'best(최고)'가 목표가 아니라, 매일 더 나아지는 것이 삶의 목표일 수 있단 사실, 비교급의 대상이 다른 누군가가 아니라 과거의 나 자신이란 사실이 너무 근사했다. 오늘의 내가 어제의 나보다 무엇 하나라도 나아졌다면, 그 변화의 폭이 얼마만큼이든 나는 발전한 셈이었다. 더 나은 삶을 사는 비밀을 슬쩍 엿본 기분이었다.

이 문장을 만난 뒤로 나는 힘들거나 어려운 상황에 처했을 때마다 이 말을 주문처럼 되뇌곤 했다. 특히 회사를 그만두고 새로운 진로를 모색하며 소속 없는 날들을 보내던 시절엔 이 문장을 매일 밤자기 전 반지하 셋방에 누워 읊조리곤 했다. 그렇게 하루를 정리하고 나면 다음 날 내가 한 뼘 더 성장해 있을 것이라는 안도감이 들었다. 한 치 앞을 알 수 없는 뿌연 안개 속을 지나던 시절, 내가 붙잡고 의지할 수 있었던 내 인생의 한 문장이 없었다면 어땠을까? 등대는 자욱한 안개와 풍랑을 없애주지는 못한다. 그러나 좌초할 듯 위태로운 배가 길을 잃지 않을 수 있도록 길잡이 역할을 해준다. 그 불빛에 기대어 나는 반지하 셋방에서 지상으로 올라갈 날들을 꿈꿀 수 있었다. 내일의 나는, 미래의 나는 오늘보다 더 나을 것이라고 말해주는 문장의 힘을 믿었기에.

'Day by day, in every way, I'm getting better and better.'
나는 날마다 모든 면에서 점점 나아지고 있다.

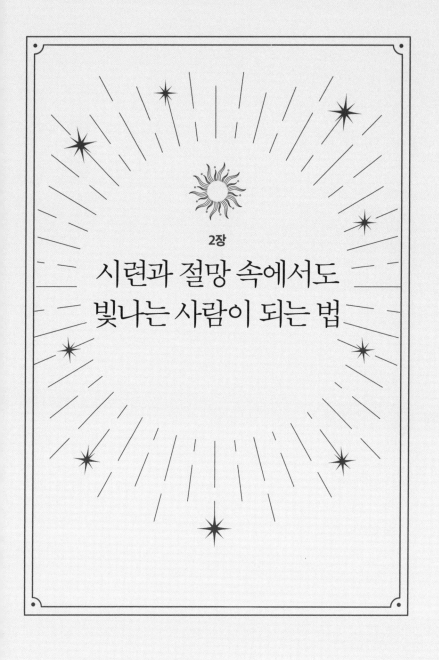

2장

시련과 절망 속에서도
빛나는 사람이 되는 법

☆☆☆

위기를 기회로 만드는 법

How to turn a crisis into an opportunity

모든 재난영화의 시작은 평화롭다. 그날도 나의 아침은 여느 때와 다르지 않았다. 소소한 생활적인 걱정, 과외 커리큘럼에 대한 생각, 여기에 더해 내 앞날에 대한 고민 등을 하며 부지런히 지하철 역으로 걸어 내려갔다. '삐-', 개찰구에 교통카드를 대자 평소와 달리 게이트가 열리지 않았다. '내가 카드를 잘못 댔나?' 다시 카드를 대봤지만 경고음과 함께 여전히 개찰구 게이트는 열리지 않았다. 교통카드 기능이 있는 또 다른 신용카드를 꺼내 대어도 상황은 똑같았다. 내가 난처한 표정으로 서 있자 역무원 한 분이 나오시더니 기계 문제는 아니니 카드회사에 한번 연락을 해보라고 말씀해주셨다. 모든 카드가 다 안 된다는 게 이상하긴 했다. 우선 역무원의 말

대로 카드회사에 연락을 했다. 그런데 상담원은 내가 평소 들었던 상냥한 목소리가 아닌 아주 냉정하고 앙칼진 목소리로 말했다. "은행연합회에 방문하세요."

'카드 정지', '은행연합회' 돈과 관련된 일인 게 확실했다. 나는 학생들에게 양해를 구하고 급히 은행연합회로 달려갔다. 은행연합회 직원은 당황한 나를 쳐다보더니 이렇게 말했다. "고객님, 이자가 연체된 대출이 있으셔서 카드가 정지되셨어요. 젊으신 분이 왜 이렇게 대출이 많으실까……. 저희로서도 방도가 없고요. 밀린 이자를 납부하셔야 해요." 대출이라니……. 말도 안 되는 일이었다. 나는 대출을 받은 적이 없는데. 기가 막혔다. 도대체 누가……?

가만 생각해보니 짚이는 구석이 있었다. 나는 당장 금산 본가에 전화를 걸었다. 엄마에게 혹시 나 몰래 내 명의로 대출을 받은 일이 있냐고 추궁했더니 말끝만 흐리셨다. 나는 당장 고속버스터미널로 가서 가장 빨리 금산으로 내려가는 버스에 올랐다. 집에 들어서자 엄마는 안절부절못하시고, 아빠는 내 눈치를 보며 헛기침만 하고 계셨다. 나를 20대 신용불량자로 만든 사람은 다름 아닌 아빠였다. "재, 재영아, 아빠가 그게……. 여 와서 앉아 봐라. 차근차근 설명해줄게……."

운영하시던 치킨집을 접고 나서 아빠는 이러저러한 사업에 손을 댔지만 변변한 결과를 얻지는 못하셨다. 대출을 받을 만큼 받아서 이제 엄마 아빠의 신용으로는 대출이 불가능했다. 아빠는 돈이 너무 궁색해지자 해서는 안 될 방법에 손을 댔다. 내가 아직 회사에 적을 두고 있었을 때 어느 날 아빠가 전화로 나의 신분증 사본을 요구한 일이 있었다. 그때 내가 별생각 없이 보낸 신분증 사본으로 아빠는 마을 은행에서 연이율 12%로 5천만 원을 대출받았다. 본인이 아닌데도 가능했던 것은 은행에 다니던 동네 지인이 정도正道가 아닌 방식으로 대출을 융통해줬기 때문이다. 그런데 그 이자를 갚지 못해 금융거래 제한이 생긴 것이다.

정확한 사정을 몰랐을 때에도 피가 거꾸로 솟는 것 같았지만, 자세한 내막을 알고 나니 더욱 기가 찼다. 그리고 내 안에서 커다란 무언가가 근본부터 와르르 무너지는 느낌이었다. 돈이 문제가 아니었다. 아니, 돈도 문제였지만 부모에 대한 신뢰가 더 이상 내 마음에 남아 있을 수 없었다. 유년시절부터 그때까지 부모님으로부터 경제적인 지원을 제대로 받지는 못했지만, 그래도 가족이라는 울타리에 대한 최소한의 믿음이 있었다. 오히려 결핍은 나를 성장시키는 동력이 되기도 했다.

머리가 굵어진 사춘기 이후부터 10여 년을 정말 치열하게 살아왔다고 자부했는데, 스물일곱의 나에게 남은 것은 신용불량자라는 꼬리표였다. 이것은 오랫동안 방도를 고민한다고 해서 떼어낼 수 있는 성질의 것이 아니었다. 또 이번에도 무르게 나갔다가는 오히려 아빠에게 더 좋지 않을 것 같았다. 나쁜 일은 처음 한 번이 어렵지, 그다음부터는 반복하기 쉽다. 단칼에 해결을 해야 아빠도 살고, 나도 살겠다 싶었다. 나는 당장 빚을 아빠 이름으로 돌려놓지 않으면 아빠는 물론이고 뒷길로 대출을 허락해준 은행 직원도 경찰에 신고하겠다고 으름장을 놓았다. 처음에는 좋게 풀어가자며 회유하던 아빠도 내 태도가 강경하자 다음 날, 날이 밝자마자 은행으로 가서 대출자 명의 변경 절차를 밟았다.

겉으로만 봐서는 상황이 제자리로 되돌려진 것 같았지만, 그럴 수가 없었다. 그동안 몰랐던 집 안 사정을 이번에 속속들이 다 알게 되었기 때문이다. 대출자 명의를 아빠의 이름으로 돌려놓긴 했지만 그 돈을 갚을 여력이 있는 사람은 오로지 나뿐임을 그 누구보다 잘 알았다. 그래서 서울로 다시 올라온 뒤로 한 달에 한 번 이자를 상환해야 하는 날이 도래하면 나의 통장 잔고는 줄어들었다. 돈 아끼겠다고 제대로 된 끼니가 아닌 지하철에서 천 원에 팔던 김밥을 줄기차게 먹던 절약의 노력이 이렇게 내 의지와는 상관없이 물거품이 됐다.

기회는 늘 위기 속에서 찾아온다고 하던가. 가족 때문에 신용불량자로 전락했던 일은 내가 그동안 마음속으로만 만지작거리던 생각을 행동으로 옮기는 계기가 되었다. 당시 기계처럼 영어 과외를 줄지어 하는 날들이 이어지자 이런 생각이 스멀스멀 피어올랐다.

'도대체 언제까지 과외만 하면서 살아야 하는 걸까?' 영어를 좋아했고, 내가 좋아서 잘하는 것을 남들에게 가르치는 일도 신나게 잘해왔는데. 아니, 그러기 위해 회사까지 그만두었는데 변죽만 두드리는 것 같단 생각을 떨칠 수가 없었다. 좀 더 새로운 길을 열어보고 싶었다. 돈 문제 때문에 미뤄두었던 대학원 진학 생각이 조금씩 간절해져갔다.

하지만 2년 반 동안 들어갈 대학원 학비는 꽤 큰 부담이었다. 그래서 많이 망설였다. 그러던 차에 '신용불량자 사태'는 울고 싶은데 뺨 때린 격으로 작용했다. '백날 과외해서 돈 벌어야 본가에 가져다 바칠 돈으로 되어버리는데, 그럴 바에는 나를 위해 나에게 과감히 투자하자. 더 이상 미루지 말자. 지금이 아니면 안 돼.' 나는 본가에 내가 갚아드릴 만큼 대신 갚아드렸으니 남은 돈은 아빠가 스스로 청산하시라고 이야기했다. 초반의 상환 부담은 어느 정도 덜어드렸으니 남은 과정은 문제를 일으킨 장본인이 해결해나가는 것이 순리였다. 그래야 이후에 유사한 사태의 재발을 막을 수 있을 듯도 했다. 무엇보다 나도 숨통이 트여야 했다. 우선 내가 살아야 그다음의 미래를 기약할 수 있는 게 아닌가. K-장녀 역할에서 이제 벗어나야 할 때였다.

2007년, 내가 가장 가고 싶었던 고려대학교 교육대학원 영어교육과에 합격했다. 몇 년 만에 돌아간 캠퍼스 생활을 그동안 생계와

집안 문제로 혼곤했던 나를 따뜻하게 품어주었다. 다시 내 삶을 살아나갈 의욕이 샘솟았다. 왕십리 반지하에서 과외를 하며 나는 틈틈이 EBS 사이트를 방문해서 강사모집공고가 나는지 확인했다. 학원을 다니거나 문제집을 사서 풀 여력조차 없던 고등학교 시절, 내가 의지할 수 있었던 것은 학교 선생님들과 교과서, 그리고 EBS였다. 어린 시절 내 공부의 8할 이상을 차지했던 곳에서 내가 입장을 바꾸어 가르치는 사람으로 일할 수 있다면 그것만큼 보람된 일도 없을 것 같았다. 마침 출연자를 뽑는 공고가 난 것이 눈에 띄었다. 나는 부랴부랴 지원서를 작성하기 시작했다. 대학교 4학년 때 여러 기업들에 입사지원서를 쓸 때와는 달리 자기소개서가 한달음에 쓰였다. 일필휘지란 말은 이럴 때 쓰는 거구나 싶었다. '영어', '공부', '가르치는 일', 이 모든 게 'EBS'라는 하나의 방향으로 정확하게 수렴했다. 직업을 얻기 위한 자기소개서가 아니라 내 꿈을 붙잡기 위한 글을 쓰는 것 같았다. 그렇게 쓴 지원서를 송고하고 나자 마음이 불안하기보다 오히려 개운했다.

결과를 기다리는 동안. 대학선배가 운영 중이던 강원도의 영어캠프에서 선생님으로 일하게 되었다. 공기 좋은 숲속에서 일인 줄도 모르고 종일 신나게 영어를 가르치다가 늦은 오후가 되어서야 겨우 한숨을 돌릴 때였다. 모르는 번호로 연락이 왔는데, 왠지 받아야만 할 것 같아 통화 버튼을 눌렀다. "안녕하세요. EBS인데요.

김재영 님 맞으시죠? 보내주신 지원서 잘 받았습니다. 갑작스러우시겠지만 내일 카메라 오디션을 바로 보고 싶은데요. 시간 괜찮으실까요?" 대답은 당연히 하나뿐이었다. "아, 네! 안녕하세요! 내일이요? 네네, 그럼요. 내일 시간 괜찮습니다. 몇 시까지 어디로 가면 될까요?" 자동 반사처럼 튀어나온 대답을 뒤로하고 전화를 끊고 나서야 벌렁거리며 뛰는 심장박동이 제대로 느껴졌다. '이게 꿈이야, 생시야?'

문제는 오디션 시간이 내일 이른 오전이었다는 것. 더 큰 문제는 영어 캠프 일정이 아직 이틀 더 남았다는 것이었다. 무리를 해서 둘 다 커버할 수 있는 상황이 아니었다. 말 그대로 양자택일의 상황이었다. 하나를 선택하면 하나는 기회비용으로 사라져버리는. '지금이 아니면 안 돼. 이건 꼭 붙잡아야 하는 기회야.' 나는 선배에게 아르바이트 비용을 받지 않아도 좋으니, 정말 미안한데 내일 서울에 다녀오겠다고 간곡히 부탁했다. 내가 맡은 일에 구멍을 내다니! 속상하긴 했지만, 그렇다고 해서 오디션 기회를 놓치면 평생 후회할 것만 같았다. 선배는 탐탁해 보이지 않았지만 네 결정이니 어쩔 수 없다고 이해했다. 나는 미안한 마음을 품고 캠프를 나섰다. (물론 오디션이 끝나자마자 다시 캠프로 돌아왔다.)

한밤중에 간신히 서울로 온 다음 날 이른 아침, 나는 내가 가진 옷 중에서 가장 발랄해 보이는 옷을 차려입고 집을 나섰다. 평소라면 고민 없이 지하철과 마을버스를 탔겠지만, 이날은 으슬으슬 감기 증세에 몸이 좋지 않아 택시까지 잡아탔다. EBS 사옥에 도착해 안내에 따라 대기실에 들어서니 나처럼 카메라 오디션을 기다리는 분들이 보였다. 내 차례가 되어 PD님의 큐 사인 이후로 그다음부터는 어떻게 오디션을 보고 왔는지 기억이 나지 않는다. 다만 대기실에서 기다릴 때만 해도 목이 따끔거리며 아프고, 축 처져 있었는데, 카메라에 빨간 불이 들어오자 내 안의 스위치도 OFF 모드에서 ON 모드로 바뀐 것만은 확실했다. 어디가 아프냐는 듯이 목소리도 몸도 평소와 같았다. 오히려 더 활기찬 음성과 제스쳐가 나왔다. 진행에 흐름을 타자 카메라 오디션 막바지에는 앞에 계신 PD님들의 표정도 눈에 들어왔는데, 그분들의 흡족해하는 표정을 보니 왠지 합격일 것 같다는 확신이 들었다.

"좋아요, 컷! 수고 많으셨습니다. 이력서에는 따로 안 적으셨던데 혹시 이전에 인강(인터넷 강의) 경험 같은 게 있으신가요? 너무 잘하시는데요? 표정도 좋고 발성도 좋고, 무엇보다 진행이 통통 튀고 재밌네요. 영어도 너무 잘하시고요."

"아이고, 과찬이세요. 고맙습니다."

"다음에 또 뵐 기회가 있으면 좋겠네요. 조심히 돌아가세요. 수고하셨어요."

돌아가는 길에 PD님의 '다음에 또'라는 말이 계속 생각났다. '그렇게 아팠는데, 큐 사인 들어가자마자 아픈 것도 몰랐네. 이게 정말 내 천직일지도 모르겠다.' PD님의 말은 인사치레가 아니었다. 며칠 뒤, 출연자로 최종 확정이 되었다는 연락을 받았다.

"다른 분들도 잘하셨는데, 재영 님이 워낙에 눈에 띄어서 저희가 고민할 겨를이 없었어요. 같이 일하게 되어서 반갑습니다."

합격 전화를 받고 나자 내 인생이 또다시 새로운 궤도에 진입했다는 생각이 들었다. 스물일곱 신용불량자에서 그토록 원하던 EBS 영어 강사까지. 위기가 기회가 된 것이다. 그날따라 반지하 셋방에 새어 들어오는 햇살이 눈부셨다. 쥐구멍에도 볕들 날이 있다는 게 이런 거였구나 싶었다. 첫 미팅을 하며 계약서를 받아들었을 땐 생각보다 많지 않은 강의료에 적잖이 놀라긴 했지만, 내 얼굴을 보며 전국의 어린이 시청자들이 영어 공부를 한다고 생각하니 금액에 상관없이 더 열심히 제대로 해야겠다고 다짐하게 되었다.

만약 지금 인생 최대의 위기에 봉착해있는 사람이 있다면 이렇게 이야기해주고 싶다. 아무리 어둡고 힘들어도 태양처럼 밝은 태도를 포기하지 말라고. 주변이 밝아지는 긍정적인 미소와 행동은 오히려 나를 밝히는 힘이 된다고. 매일매일 어제의 나보다 더 나아진다면 오늘 하루의 작은 성공들이 쌓여서 부와 행복이 복리처럼 커지게 될 것이라고 말이다.

☆☆☆
월급에 0 하나를 더 붙이는 법

How to add another zero to your income

내가 맡은 첫 TV 프로그램은 EBS 메인 프로그램은 아니었다. '원래 시작은 늘 미약한 거야. 열심히 해서 조금씩 커리어를 쌓아가자. 'Day by day, in every way, I'm getting better and better!' 방송사에서는 내부에서 직접 프로그램을 제작하기도 하지만, 제한된 인력으로 모든 방송을 다 커버할 수는 없어서 외주 프로덕션에 제작을 아웃소싱하기도 한다. 나는 외주 프로덕션에서 제작하는 초등 영어 프로그램 강사로 EBS 일을 시작했다.

간혹 스크립트대로 녹화가 진행이 안 되면 현장 분위기가 냉랭해질 때도 있었는데, 출연진들 대다수가 어린아이들이어서 마음약한 아이들은 눈치를 보거나 울음을 터뜨리기도 했다. 촬영을 다시 이어가려면 현장에서 아이들을 컨트롤하고 도닥일 사람이 필요했는데, 외주 프로덕션 제작진들이 그 부분까지 챙길 여력이 없어 보였다. 요즘에는 '샤프롱'이라고 해서 뮤지컬계를 중심으로 어린이 출연진들의 건강이나 심리 상태를 보살펴주고 대사와 연기 등에 대해서도 살펴봐주는 전문 직업군이 활동 중이라고 하는데, 당시 내가 출연자 아이들의 샤프롱 역할까지 도맡을 수밖에 없었다. 누군가는 냉혹한 현장에서 어른 역할을 해야만 한다고 생각했기 때문이다.

첫 프로그램을 통해 원고 작성을 비롯한 강의 준비부터 현장의 아이들 케어, 자막 검수 등 제작진들의 업무까지 떠맡아 하며 하드 트레이닝을 한 덕분이었을까? 강의 녹화 현장이 어떻게 돌아가는지 확실히 익히고 나자 두 번째 프로그램을 앞두고는 어느 정도 자신감이 붙었다.

두 번째 프로그램은 EBS 자체 제작 프로그램이었다. 타깃도 달라져서 유초등 대상이 아닌 중학생 대상의 영어 독해 프로그램을 맡게 되었다. 그전에는 영어 챈트chant에 맞춰서 율동을 한달지, 퍼포먼스나 연기를 보여준달지 하는 엔터테인먼트적인 요소가 많았다면, 이제는 그동안 내가 해왔던 영어 교육을 보여줄 차례였다. 하지만 그렇다고 해서 칠판에 판서를 하고 변화 없는 목소리 톤으로 딱딱하게 영어를 가르쳐주고 싶진 않았다. 그런 건 '샤이니 스타일'이 아니었다.

대학원에서 교육론을 공부할 때 교수님께서 늘 강조하시던 바가 하나 있었다. 바로 학습자의 입장에서 가르쳐야 한다는 것. 선생님이 아무리 탁월해도 수용자에게 그 가르침이 가닿지 않는다면 그 교육은 성공이라고 볼 수가 없다는 말씀에 나는 전적으로 동의했다. 아이들의 영어 실력을 끌어올리는 것이 최종 목표라면, 그 목표를 위해 나는 기꺼이 우스꽝스럽게 망가질 준비가 되어 있었다. 웃으며 재밌게 배워야 공부도 더 잘되지 않나?

프로그램 런칭을 앞두고 제작진 분들과 기획회의를 했다. 나는 내가 중학교 때 글렌 메데이로스의 팝송을 통해 영어와 급격히 친해진 기억을 떠올렸다. '그래, 그거지. 재밌어야 애들이 그다음도 이어서 본다고. 지루하면 그걸로 끝이야.' 나는 독해 프로그램이긴 하지만 기존 EBS 프로그램의 틀을 깨고 40분 강의 중간에 팝송을 넣어 아이들 시선을 확 잡아끌고 실력을 키워줘야 한다고 강하게 의견을 제시했다. 처음에는 초보 강사의 낯선 수업 방식을 수십 년 내공의 제작진들이 들어주질 않았다. 나는 EBS 프로그램의 강점과 약점을 분석해 조목조목 다시 설득을 시작했다. "아니, PD님, 제 말 좀 들어보시라니까요. 제가 진짜 중학교 때부터 EBS로만 공부한 사람인데요. 커리큘럼도 너무 좋고, 문법 설명 완전 최고예요. 그런데 재미가 없으니까 집중을 못해요. 팝송 가사를 해석하면 그게 영어 독해잖아요. 저희 프로그램 취지와도 잘 맞아요. 제 발음 너무 좋다고 하셨잖아요. 그것 좀 제대로 살릴 기회 주세요. 해보고 안 되면 그때 저도 제 방식 접을게요."

경험도 많지 않은 애가 도대체 뭘 믿고 저러나 하는 눈치가 역력했다. 결국 긴 설득 끝에 한 번 해보자고 정리가 됐고, 나는 어렵사리 얻은 기회를 허투루 준비해서 날릴 수 없다고 생각했다. 그때까지 EBS 선생님들은 대체로 학교나 학원 등에서 이미 교편을 잡고 계신 분들이 많았다. 그에 비하면 나는 비공식적인 영어 과외 경험은 많았지만, 그때까지도 교육대학원 석사 과정 중인, 정식적인 교원 자격은 없는 선생님이었다. 자격지심까지는 아니었지만, 이런 핸디캡을 보완한 나만의 무기가 있어야겠다는 생각은 분명 들었다. 답은 하나였다. '내 캐릭터를 분명하게 잡고 가자.' 결론적으로 첫 방송은 학생들 사이에서 엄청난 화제를 몰고 왔다.

"샤이니 쌤, 완전 웃겨요. 뭐야, 이런 쌤 처음 봤어요."
"독해 지문 풀려고 책 펴놓고 기다렸는데, 콩트로 시작해서 깜짝 놀랐어요. 샤이니 쌤, 최소 연기 지망생?"
"샤이니 쌤 방송은 늘 챙겨놓고 볼래요. 중간에 팝송 나오니까 집중 완전 잘돼요!"

첫 반응이 좋다 보니 제작진도 콩트 오프닝과 팝송 도입을 안 할 도리가 없었다. 좋은 반응이 단발성이 아니라 지속적으로 이어지니 교육계에서 두각을 나타내기 시작했다. 이게 가능한 일인가 싶었지만, 불과 몇 개월 전 첫 프로그램을 할 때만 해도 주 25만 원, 한 달에 100만 원을 겨우 벌던 입장이었는데 여러 교육회사에서 높은 가격의 러브콜이 쇄도했다. 그러면서 받는 돈이 천 단위로 달라졌다. 이때 새삼 깨달았다. '돈을 따라가는 게 아니라, 내가 좋아하는 일을 열심을 다해 하다 보면 돈이 따라오는구나.'

돈이 조금씩 모이기 시작했지만, 여전히 나의 집은 왕십리 반지하 월세방이었다. 수중에 돈이 없는 것은 아니었지만 이사 비용이며 복비 등 계획에 없던 돈을 써가며 새 집으로 이사를 가기에는 또 아주 그렇게까지 여유가 있는 만큼은 아니었기 때문이다. 돈도 돈이지만 새 집을 알아보러 다니는 데 시간을 쓰면 왠지 마음이 허공에 붕 뜰 것도 같았다. '잘 풀리는 순간일수록 자중해야 돼. 지금은 내 커리어에 더 신경 쓰면서 내실을 다질 때야. 헛바람 들지 말자, 재영아.' 그렇게 나는 왕십리 반지하 월세방에서 2년을 더 살면서 내 꿈을 차근차근 이루어갔다.

☆☆☆

일과 돈과 자유의 아름다운 삼각관계

Work, money and freedom can go together

인생의 중요한 문제는 본질적으로는 늘 2가지 사이에서 선택을 요구하는 것 같다. '돈이냐, 내 행복(꿈)이냐.' 물론 행복의 반대말이 돈은 아니라고 본다. 그리고 어느 정도의 경제력은 분명 행복의 바탕이 된다. 문제는 어느 한쪽에 과하게 무게를 두면, 분명 하나를 잃게 되는 일이 벌어지곤 한다는 것이다. 다른 모든 가치를 집어삼킬 만큼 돈의 힘은 강력하다. 자본주의 사회에서 발을 딛고 산다면 더더욱 그렇고.

"샤이니 선생님, 강의 영상 정말 잘 봤습니다. 강의료는 섭섭지 않게 대우해드릴 테니 저희 학원으로 한 번 모시고 싶네요."

"선생님, 오프라인 강의를 한번 시작해보는 게 어떠신가요? 처음에는 조금 힘들 수 있는데 나중에는 진짜 어마어마하게 돈을 벌 수 있어요."

소문이라는 게 원래 빠르게 퍼진다고 하지만 사교육 시장에서는 강사의 인기와 경쟁력이 곧 업체의 경쟁력으로 직결되기 때문에 '요즘 그 강사가 애들한테 인기가 좋다더라' 내지 '잘 가르친다더라' 하고 한번 알려지면 러브콜이 쏟아지는 일이 예삿일이라고 들었다. 말로만 듣던 그런 일이 나에게도 찾아왔다. EBS 중학 채널의 독해 프로그램 시청률이 너무 잘 나오자 대치동, 목동의 학원가에서도 하나둘 연락이 오기 시작했다.

내가 갈 곳을 찾아 나서는 게 아니라 내 앞에 알아서 선택지들이 주어지는 상황이라니. 그간의 노력들이 이렇게 되돌아오는구나 싶어 감개무량했다. 나는 올바른 선택을 하기 위해 대학 선배와 가까운 동료 강사님들에게 조심스럽게 학원 강사 일이 어떤지 물어보며 정보를 수집했다. 각자 경험한 바에 따라, 또 주변에서 들었던 바에 따라 구체적인 내용들은 조금씩 달랐지만, 공통된 의견이 하나 있었다. "응, 지금 샤이니 쌤이 하는 일보다 돈은 많이 벌 수 있어. 그건 장담해. 월 1억은 거뜬히 벌 거야. 그런데 자기 시간 가질 여유는 정말 없을 거야. 수능 대비라도 맡으면 1년 내내 아주 꼼짝 못할 걸. 스트레스도 엄청나고."

　연락을 준 학원 원장님을 마냥 기다리게 할 수는 없었다. 이제 결정을 해야만 했다. 나는 파격적인 조건을 제시한 원장님에게 물었다. "1년에 3번 정도 해외여행을 다녀올 시간이 될까요?" 그러자 원장이 무슨 말도 안 되냐는 소리냐며 껄껄 웃었다. 복잡하게 보자면 한없이 고민스러운 문제였지만 내 삶의 우선순위를 중심으로 생각하면 그만큼 심플한 문제도 없었다. 내가 정말 하고 싶은 일들을 학원 강사로서는 할 수 없을 것 같았다. 나는 과감하게 'No'를 선택했다. 큰돈이 보장되는 대신, 학생 수, 명문대 합격률, 강의 재등록률과 같은 숫자들의 엄청난 압박을 받아가며 내 시간 없이 일에 빼앗기는 빠듯한 생활을 이어가고 싶진 않았다. 나에게는 사람들과의 관계도 매우 중요한 가치 중 하나인데, 정해진 시장 안에서 학생들을 가지고 동료 선생님과 경쟁하게 되는 구도가 되는 것도 염려가 되었다.

　내 인생을 바꾼 책 중엔 얼마 전 세상을 떠나신 조안 리 선생님의 《스물 셋의 사랑 마흔아홉의 성공》이란 책이 있다. 조안 리 선생님은 스물세 살에 스물 여섯 살 연상이자 서강대학교 초대 학장이었던 외국인 신부님과 결혼하고, 이후 한국홍보업계의 전설이라 불리는 회사를 창업해 여성 리더로서 시대를 앞서나가는 멋진 삶을 사셨던 분이다. 그분의 삶을 담은 자서전을 접했던 당시, 나는 고등학생이었다.

　나는 특히 일과 돈과 자유에 대해 사색한 구절에 흠뻑 빠졌다. 자신의 일을 사랑해서 누구보다 열심히 일하고, 그 결과 기분 좋은 부산물로서의 돈을 벌고, 그 돈으로 정신적, 육체적 자유를 확보하여 당당하게 살아가는 것, 그것이야 말로 일과 돈과 자유가 가장 행복하고 품위 있게 맞물릴 수 있는 멋진 삼각관계일 것이라는 내용이었다. 늘 궁핍한 가운데 성장했기에 나에게 경제적 자유는 너무도 절실한 가치였다. 하지만 그게 전부가 아니라는 것을, 자유에도 그 종류가 여럿이라는 사실을 조안 리 선생님의 책을 통해 깨우쳤다.

　종종 바뀌긴 하지만 나의 카카오톡 메신저 프로필이 '대자유인'이던 시절이 있었다. 경제적 자유를 비롯해, 공간에 얽매이지 않을 육체적 자유, 나의 욕구가 아니라 바깥의 무언가에 빼앗기지 않을 정신적 자유를 모두 갖고 싶다는 소망이 응축된 프로필이었다. 대자유인으로 살기 위해서는 당장의 돈보다 더 중요한 가치가 있음을 나는 지금도 잊지 않으려고 늘 노력한다. 일과 돈과 자유의 아름다운 삼각관계를 앞으로도 쭉 이어가고 싶기 때문이다.

낡은 중고차를 탈수록 당당해져라

Nobody cares what car you drive

여러 사교육업체들의 강사 제안을 거절한 이후에도 수많은 오프라인 입시 학원에서 러브콜이 왔지만 그때마다 내 대답은 역시 'No'였다. 상황을 아는 가까운 지인들은 내 선택에 의아해하면서도, '역시 샤이니 선생님답다'라며 내 선택을 지지해주었다. 하지만 나의 인지도가 올라가자 나를 좋아하며 격려해주는 사람들만큼 나를 시기하는 사람들도 조금씩 생겨나기 시작했다. 역시 사회생활은 만만치 않았다. 그중 제일 황당했던 일은 함께 일하던 동료 강사분 한 분이 내 차를 가지고 뭐라고 했던 일이었다.

왕십리 반지하를 벗어나 새 집으로 이사를 가지는 않았지만, 차는 한 대 있어야겠다는 생각이 들었다. 때마침, 교육대학원에서 교생실습을 나가게 된 중학교가 산 위에 있는 학교였다. 대중교통을 타고 가기에는 여간 불편한 곳이 아니었다. 늘 대중교통 시간에 맞춰 동동거리며 이동하는 생활도 이참에 접고 싶었다. 내가 원할 때 어디로든 내 손발을 이용해 이동할 수 있는 자유가 절실했다. 그렇다고 새 차를 덜컥 살 순 없었다. 집도 안 옮기고 있던 판국인데 차에 거금을 들일 마음은 없었다. 답은 중고차였다. 나는 1998년도에 출시된 세피아 3을 구입해 내 생애 첫 차를 마련했다.

운전면허는 놀랍겠지만 미국에서 교환학생을 할 적에 따둔 것이 있었다. 당시에 한국에서 운전면허를 따려면 학원비에 연수비 등을 포함해서 못해도 100만 원은 족히 들었다. 그래도 집에 여유가 있는 친구들은 방학 기간에 운전 연수를 받고 면허를 따곤 했다. 나도 면허증은 있으면 좋겠다 싶었지만 그럴 돈이 없어서 마음에서 접고 있었던 차에 미국에서는 20달러 정도면 면허를 딸 수가 있다고 해서 소셜 시큐리티 넘버social security number 미국의 사회보장번호를 받은 것으로 신분을 증명하고 미국면허증을 취득했다. 미국면허증을 소지한 사람이 한국에서 필기시험만 합격하면 한국 면허증이 발급되었다. 그렇게 나는 아주 손쉽게 국내면허증도 취득할 수 있었다. 당장에는 무용해 보이는 것일지라도 언젠가는 나에게 도움이 된다는 것을 이때 또 한 번 깨달았다. 끊임없이 배우고 도전해야 하는 이유다.

중고차였지만 내 차를 몰고 출근하는 길은 근사했다. 군데군데 까지고 흠집이 있었지만 굴러가는 데는 전혀 문제가 없었다. 나를 이렇게 편히 일터에 데려다주는 내 차가 참 고마웠다. 그런데 어느 날, 다른 강사 선생님께서 지나가며 말하듯 이렇게 말씀하시는 것이었다.

"어머, 샤이니 선생님. 돈도 많이 버시면서 차 좀 바꾸시면 안 돼요? EBS 강사 급은 선생님이 다 떨어뜨리는 거 아닌지 몰라요. 주차장 좀 가서 보세요. 선생님 차만 너무 좀 그렇더라."

몰고 다니는 차로, 그 사람이 누구인지 판단한다는 생각은 너무 속물스러웠다. 나는 속이 부글거렸지만, 거기서 도리어 화를 내고 얼굴을 붉히면 도리어 내게 손해라는 생각이 들었다. "어? 저는 괜찮은데요"라고 태연하게 말했다.

아무리 '미스 스마일'이라고 해도 무례한 사람에게까지 미소를 지을 필요는 없었다. 모든 사람에게 사랑받고 싶어서 나를 싫어하는 사람에게까지 내가 가진 에너지를 낭비하며 맞춰줄 이유도 없었다.

내 인생 첫차를 함께 촬영하던 PD님에게 되판 날, 마음속으로 꽤 많이 울었다. 낡은 차에 싣고 달리던 내 젊은 날의 꿈과 열정이 떠올라서. 그 시절이 너무 소중해서 눈물로 그 끝을 배웅하지 않을 수 없었다. 내가 타는 차는 내가 누구인지 말해주지 않는다. 하지만 차에 담긴 지난 시간은 내가 누구인지 너무도 잘 말해주었다.

☆☆☆
치부를 드러내는 용기가 필요한 순간이 있다

Be strong and courageous

영어 강사로서 몸값도 점점 올라갔고, 강의에 대한 반응들도 꾸준히 호평일색인 날들이었다. 20대 중반이었던 3년여 전, 확실한 계획 없이 첫 직장을 퇴사한 것이 며칠 전 일 같았는데, 어느덧 나의 20대도 그 끝이 보였다. '어느 정도 돈도 모였겠다, 내년에 서른 살이 되면 내가 그토록 이사를 가고 싶었던 분당에 오피스텔을 전세로 얻을 수 있겠구나.' 하지만 '스위트 홈'에 대한 내 꿈은 이번에도 여지없이 무너져버렸다. 분당에 이사를 갈 수 있겠다는 부푼 꿈을 안고 엄마한테 전화했더니 엄마가 말끝을 흐렸다 "재영아 정말 축하할 일이다. 그런데 말이야……."

무슨 일이 있냐는 내 말에 엄마가 자초지종을 털어놨다. 엄마의 설명이 구구했지만, 결론은 하나. 우리집이 경매에 넘어갔다는 것. 내가 중학교 3학년 때 부모님은 영세민 아파트를 아주 저렴한 가격에 살 기회를 얻으셨다. 18평도 안 되는 공간이지만 오랫동안 번듯하게 네 식구를 품어온 우리집이었다. 그런데 그 집이 경매에 넘어가다니. 하루아침에 부모님이 살 곳을 잃고 바깥에 나앉아야 하는 상황이 발생한 것이다.

'신용불량자 사태'에 이어 엄청난 파도가 나를 집어삼키는 것만 같았다. 그때는 대출금 5천만 원이 문제였는데, 이번에는 더 큰 돈이 들어가야 하는 상황이었다. 이미 집행에 들어간 경매를 막을 도리는 없었다. 퇴거 조치를 당한 부모님이 들어가 살 집을 마련하는 게 우선이었다. 내가 짜드린 상환 프로그램에 따라 이후 대출금을 모두 갚긴 했지만, 그 이후로도 본가에서는 틈만 나면 내게 손을 벌리는 일이 허다했다.

그런데 이제 하다 하다 집까지 해드려야 할 판이었다. 이제 겨우 반지하 월세방을 벗어나 내년이면 번듯한 30대를 맞이하겠구나 싶었는데, 마른하늘에 날벼락도 이런 벼락이 없었다. 하지만 속을 끓인다고 해서 문제가 해결되지 않는다. 나는 오피스텔 전세금으로 쓸 돈을 헐어서 부모님이 살 집을 새로 마련해드렸다. 단, 집을 사면서 한 가지 조건을 걸었다. 금산 집 명의는 내 이름으로 할 것. 그렇지 않으면 나도 모르는 사이에 이 집도 언제 허공으로 날려버

릴지 모를 일이었다. 나로서는 최소한의 안전장치였다. 그런데 그 말을 꺼내자마자 부모님들이 서운해하시는 것이 표정으로 느껴졌다. 이미 신용불량자 사건 때 마음에 큰 상처를 받았던 터라 이제는 두 분의 그런 반응에 그러려니 하는 마음이었다.

고통도 반복되면 아픔을 느끼지 못한다고 하지 않나. 부동산에 금산 부모님 집값 8,900만 원을 송금하고 나자 얼마 뒤 곧 1억 원이 채워질 줄 알았던 내 꿈의 통장은 잔고가 거의 남아 있지 않았다. '내 명의로 된 내 인생 첫 집을 이렇게 사고 싶진 않았는데…….' 그 통장을 물끄러미 바라보면서 얼마나 울었는지 모른다. 스물아홉 살의 나는 다시 또 빈털터리가 되었다.

가족 문제로 경제적으로 타격을 입는 일이 또다시 나를 덮치자 문득 두려워졌다. 튼튼한 자존감과 늘 밝고 환한 태도 때문이었을까? 나의 어두운 부분을 다른 사람들은 미처 알지 못했다. 나를 'EBS 영어 강사 샤이니'로 처음 알게 된 이들 중에는 내가 '금수저' 집안에서 태어난 줄 아는 사람들도 있었다. (물론 내가 끌고 다니는 낡은 중고차를 보고 나면 그런 생각을 접긴 했지만.) 남들이 보는 나와 실제 나 사이의 괴리가 서울에 있을 땐 잘 느껴지지 않았다. 그런데 금산 본가에만 다녀오면 우리 집이, 그리고 내가 너무 초라하고 보잘것없게 느껴지곤 했다. 부모님께서 살던 집이 경매에 넘어가 새 집을 급히 마련해드리던 날, 그 기분은 절정에 달했다.

만난 지 몇 달 되지 않은 남자친구에게 지금의 내 상황을 어떻게 설명해야 할지 너무 난감하고 창피했다. '이런 나라도, 이런 우리집이라도 그 사람은 받아줄 수 있을까? 어차피 이렇게 된 거 오늘 속 시원히 다 이야기해야겠어. 그것으로 우리 인연이 끝을 다한대도 어쩔 수 없는 일이야. 가난이 정말 지긋지긋한 일이라는 걸 내가 제일 잘 아니까…….'

나는 서울로 바로 올라가지 않고 평택에서 업무 중이었던 그에게 같이 저녁을 먹자고 연락을 했다. 당시 나의 하루는 EBS 프로그램 촬영과 틈틈이 이어가던 영어 유치원 선생님 일, 그리고 교육대학원 석사 과정까지 아침부터 늦은 밤까지 물샐틈없이 바빴다. 그래서 늘 둘이 만나기 위해서 움직이는 쪽은 그였다. 숨 가쁜 일상을 살다가도 그를 만나면 잠시라도 고개를 들어 하늘을 바라볼 여유가 나에게 깃들었다. 늘 과분하게 고마운 사람이었다. 그는 내가 평택 쪽으로 간다고 하니 짐짓 놀라면서도 반가운 기색이었다.

"……응, 내가 볼일이 좀 있어서 오늘은 잠깐 금산에 내려왔었어. 올라가는 길에 들러서 보고 가면 좋지 뭐. 늘 날 보러 와줬잖아. 도착해서 연락할게."

평택역 앞 고속버스터미널에서 내리자 이미 그는 내가 도착할 시간에 맞춰 먼저 나와 있었다. 그는 퉁퉁 부은 내 눈을 보자마자 걱정스러운 표정으로 무슨 일이냐며 다급히 물었다. 우리는 근처에서 가장 가까운 밥집에 들어가서 마주보고 앉았다. 메뉴판을 살필 겨를도 없었다. "…… 사실은 내가 오늘 금산을 왜 갔다 왔냐면, 우리 부모님 집이…… 그러니까 우리 집이 경매로 넘어가서…… 흑, 우리 부모님 길거리에 나앉으시면 안 되니까…… 내 전 재산을 탈탈 털어가지고 부모님 살 집 마련해드리고…… 흑흑, 나도 지금 반지하 원룸에서 사는데…… 이제 돈이 하나도 없고…… 흑흑……"

나는 내가 가진 용기를 모두 쥐어짜내서 그가 지금까지 몰랐을 나와 우리 집의 경제적인 사정을 전했다. '내가 돈이 없는 집 딸이라고 싫다면, 너는 딱 그 정도의 사람인거야!'라는 애써 앙칼진 생각을 하며. 한동안 그는 아무런 말도 하지 않고 가만히 나를 바라보았다. 이내 그가 입을 열었다. "…… 당신 멋진 여자인 줄 알고 있었지만, 알고 보니 더 멋진 사람이었네? 부모님께서 정말 든든하시겠다. 늘 밝은 모습만 봐서 당신이 이렇게 힘든 줄은 내가 전혀 모르고 있었어. 오히려 내가 미안한걸. 이렇게 속 터놓고 말해줘서 정말 고마워. 나는 열심히 사는 당신 모습이 정말 보기 좋아. 진심으로 존경해."

그 순간 나는 '이 사람과 결혼을 해야겠다'라는 마음이 생겼다. 원래도 좋아하는 마음이 컸는데, 나의 치부까지도 감싸 안아주는 사람을 내 자격지심으로 밀쳐낼 수는 없었다. 이제는 남편이 된 그의 말을 듣고 나자 나는 서러움에 복받쳐 더 크게 울고 말았다. '부모도 나를 이해해주지 못했는데, 이 사람이 나를 헤아려주는구나.' 나의 배경과 관계없이 나를 나라는 존재 그 자체로 받아들여준 고마운 사람. 이 한 사람만 내 곁에 있다면 어떤 풍파도 헤쳐 나갈 수 있을 것만 같았다. 모든 것이 무너졌다고 여긴 자리에도 꽃은 피어났다. 그렇게 나는 치부를 드러내고 사람을 얻었다.

☆★☆
부자는 타고나는 것인가?

Is everything already written in destiny?

가족으로 인한 상처는 새로운 가족을 꾸리면서 점차 치유되어 갔다. 경제적으로 자립하기 위해 홀로 분투하던 20대를 뒤로하고 서른 살의 나는 새로운 파트너와 함께 인생 시즌 2를 시작했다. 결혼은 삶의 많은 부분들이 바뀌놓았다. 그중에서도 주거지가 바뀐 것은 내게 매우 큰 변화였다. 나와 결혼하기 전, 남편은 대출을 끼고 강남에 아주 저렴한 나홀로 아파트(일반 주택가 또는 여러 아파트 단지 사이에 좁은 땅을 활용해 지어진 소규모 아파트를 일컫는다)를 하나 마련해두었다. 특별한 투자 정보가 있었던 것은 아니고, 우연히 저가에 나온 아파트가 있어 매수했던 것이라고 한다. 그 신혼집에서 우리는 9년 동안 살았다. 금산 본가가 경매에만 넘어가지 않았다면 나도 신혼집 마련에 넉넉히 돈을 보탤 수 있었을 텐데, 그러지 못해 남편에게 미안한 마음이 들었다. "내가 영어 강사로 성공하면 더 번듯한 곳에서 우리 행복하게 살자." 결혼할 때 남자가 꼭 집을 해와야 한다고 생각하지 않았기 때문에 그런 부채의식은 더 컸다. 가계살림에 내가 많은 부분 기여할 수 있다면 그것도 내게는 큰 기쁨이고 성취였다.

결혼 후 생활에 안정감이 깃드니 하던 일들도 그전보다 한결 더 잘 풀렸다. 그렇다고는 해도 이때까지도 내가 강남 건물주가 되리라고는 전혀 생각도 못했다. 그저 몸이 부서져라 열심히 일해서 내 몸값을 차츰차츰 높여 근로소득을 남들보다 조금 더 많이 버는 축에 속했을 뿐, 별다른 사업소득도, 자본소득도 없었다. 돈을 벌면 무조건 저축에 올인하는 게 내 스타일이었다. 적게 벌지는 않는데, 잘 쓰지를 않으니 비교적 돈이 금방 모였다.

과외를 오랫동안 꾸준히 이어가면서 나는 돈으로는 환산할 수 없는 부의 감각을 체득할 수 있었다. 나는 학생과의 수업이 끝나면 학부모와의 짧은 피드백을 주고받기도 하고 식사 자리에 초대된 일이 아주 많았기 때문이다. 부자는 어디에 돈을 쓰고 투자 하는지, 부자들의 하루 일과와 사고방식은 어떠한지, 부자들은 어떻게 인적 네트워크를 만들어나가는지 등 부자들이 쌓아올린 부의 빅데이터들을 하나둘 배워나갔다. 나는 돈을 버는 방법에는 근로소득 외에도 다양한 투자 방식이 있음을 알게 되었다. 어린 시절의 경험 때문에 빚은 무조건 나쁜 것이라고만 생각했는데, 잘만 이용하면 빚도 자산일 수 있다는 사실도 이해했다. 학부모들 중에는 정말 부자임에도 자신의 부를 드러내놓고 자랑하지 않는 분들이 있었는데, 그들의 겉모습만 보면 검소한 이웃집 중년 부부 같았다. 그렇지만 행동, 말투 하나하나에서 교양과 품격이 묻어나왔다. 나이에 개의치 않고 늘 새로운 투자법을 공부하시며 배움을 멈추지 않는 것도 인상적이었다.

새삼 깨달았다. '부자의 DNA는 타고나는 것이 아니구나. 사소한 태도와 좋은 습관들이 쌓이면 그것이 언제부터인가 선순환을 이루며 부로 가는 길이 완성되는구나. 나도 끝까지 포기하지 말아야겠다.' 독일의 유명한 머니트레이너 보도 섀퍼는 그의 대표작 《보도 섀퍼의 돈》에서 이렇게 말했다.

> 오직 당신이 원하는 위치에 도달한 사람들에게만 질문하라.
>
> 보도 섀퍼, 《보도 섀퍼의 돈》, 에포케, 343쪽, 2011.

나는 지금도 후배나 동생들에게 부자가 되고 싶다면 부자 곁으로 가까이 가라고 이야기한다. 하지만 평범한 사람이 부자의 곁에 머물며 그들의 삶을 엿보기는 쉽지 않다. 만일 그럴 수 없다면 간접적인 방식으로나마 그들의 이야기를 듣고 읽으며 내 것으로 체화시켜야 한다. 나는 내 직업의 특성상 운이 좋게도 부자들을 만날 기회가 종종 생겼다. 나의 20대가 궁핍함으로 인해 돈에 대한 갈망과 절실함이 가득했었다면, 30대에 접어들고 나서는 내게 다가온 좋은 기회들을 어떻게 품격과 내실이 있는 부로 이어갈 것인지 고민하게 되었다. 사회 초년생 시절, 남들보다 이르게 경제활동을 하며 쌓아올린 경험이 시간이라는 좋은 연료를 만나 성숙하자 차츰 부를 키워나가는 나만의 안목이 생겨나기 시작했다.

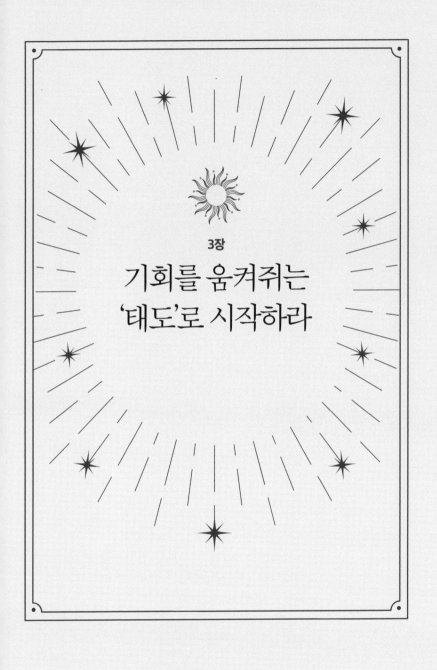

3장

기회를 움켜쥐는
'태도'로 시작하라

☆ 최악의 상황은 어떻게 최선의 상황이 되는가?

How does the worst become the best?

나는 사자성어 중에 '전화위복轉禍爲福'을 아주 좋아한다. 내 인생이 담긴 사자성어 같기 때문이다. 내 인생에서 '화禍'는 대체로 경제적 어려움이었다. 하지만 결핍은 오히려 나로 하여금 더 치열하게 살도록 만들었다. 그렇지 않으면 생존할 수 없었기 때문이다. 결과적으로 보면 초년의 화가 '복福'이 된 셈이다. 하지만 이 복이 저절로 굴러들어왔다고 생각하지 않는다. '화'와 '복' 사이에는 '좋은 태도'가 있다고 나는 생각한다. 전화위복의 놀라운 마법은 태도의 법칙을 잘 알고 능동적으로 실행하는 사람에게 압도적으로 많이 일어난다.

나에게는 아주 훌륭한 성심에 자신의 일도 무척 사랑하는 좋은 언니가 한 분 있다. 그런데 이 인연은 놀랍게도 어느 추운 겨울날 자동차 사고에서 비롯되었다. 서로 얼굴을 붉히는, 기분 나쁜 인연이 될 수도 있었을 사고가 오래도록 관계를 이어가는 인연이 될 수 있었던 이유는 무엇일까?

때는 바야흐로 엄청난 한파가 몰아치던 어느 해 겨울이었다. 사고가 일어나기 며칠 전, EBS PD님으로부터 전화가 한 통 걸려왔다. "샤이니 선생님, 다름이 아니고 며칠 뒤 생방송 하나 대신 진행 가능하실까요? 원래 하시기로 한 선생님께서 갑작스럽게 일이 생겨서 지금 대타 진행자가 급하게 필요한 상황이에요." 나는 PD님의 다급한 목소리에 차마 거절할 수가 없어서 부탁을 흔쾌히 수락했다.

며칠 뒤, 무사히 방송국에 도착해 주차를 하려던 찰나였다. 나는 초보 운전자인 듯 보이는 차량을 위해 이동 공간을 마련해주느라 차를 여러 번 이동하는 와중에 새로 진입한 차를 보지 못하고 그만 그 차를 들이받고 말았다. 사고 자체도 난감했지만 들이받은 차가 하필 외제차라서 더욱 곤란했다. 불과 몇 분, 아니 몇 초 전만 해도 타인에 대한 호의로 가득했던 마음이 순식간에 식어버렸다. '에잇, 저 운전자는 왜 그렇게 이상하게 운전을 해가지고서는……. 괜히 배려한답시고 애쓰다가 나만 사고 났네.' 하지만 가만히 생각해보니 내가 베풀려고 했던 호의를 그 초보 운전자가 강요했던 것은 아니었다. 그 호의로 인한 결과는 좋든 나쁘든 내 책임이었다. 게다가 지금 정말 화가 날 사람은 내가 아니라 내가 들이박은 차의 운전자였다. '그래, 더 큰 사고가 아닌 게 어디야. 빨리 내려서 죄송하다고 말씀드리자.'

미안한 마음을 가지고 차문을 열고 나가서 살펴보니 내가 사고를 낸 차 안에는 어머니 한 분과 초등학생 아들이 탑승 중이었다. "아이고, 어떡해요. 정말 죄송해요. 곧 생방송이 시작되는데 제가 급한 마음에 뒤에 룸미러도 제대로 살펴보지 않고 그냥 후진을 해버렸어요. 정말 죄송합니다. 제가 바로 보험사 불러서 수습할게요. 그런데 지금 날씨가 너무 추우니까 일단 저기 건물 안으로 들어가 계세요. 보험사가 오는 즉시 다 처리해드리겠습니다." 이렇게 말을 하면서 마음속으로도 '너무 죄송하다. 그래도 어느 한 분도 다치지 않아서 다행이다'라고 생각했다. 그런 마음이 전해졌던 것일까? 사고 피해자인 어머니께서 너무 놀라운 대답을 들려주셨다. "어머, 지금 보니까 EBS 선생님이신 거 같네요. 곧 생방송이라고 하셨죠? 이거 신경 쓰지 마시고 일단 들어가세요. 들어가서 준비해야 하시잖아요."

시계를 보니, 말씀드리기로는 사고 수습을 하겠다고 했지만 그러기엔 턱없이 시간이 촉박했다. 나의 그런 상황을 충분히 이해해주시고 오히려 배려를 해주신 덕분에 나는 대기실로 급히 올라가 생방송 준비를 무사히 마칠 수 있었다. 방송 준비를 하면서도 마음이 너무 쓰여서 보험사에서 사람이 왔는지 등을 여쭤보며 상황을 틈틈이 챙겼다. 그러자 놀랍게도 그분은 차가 심하게 찌그러진 것도 아니고 다친 사람도 없으니 그냥 넘어가자고 하셨다.

나중에 언니에게 그때 왜 그렇게 호의를 베풀었냐고 물으니 이렇게 이야기를 해주었다. "응, 보통 사고가 나면 사람들이 자기 과실이 커도 배상 문제나 나중에 보험료 때문에 상대 운전자 탓을 참 많이 하는데, 샤이니 선생님은 그날 너무 미안해하면서 진심으로 걱정하는 게 보이더라고. 그 모습이 너무 인상에 남아서 크게 문제 삼고 싶지 않았어. 그것도 샤이니 선생님 복이야, 복."

만일 당시의 내가 순간적으로 느꼈던 짜증과 화를 고스란히 안고 차에서 내렸다면 어땠을까? 아마 작은 사고를 둘러싸고 상대방과 실랑이를 벌이다가 생방송에도 차질을 빚었을지도 모른다. 그리고 생방송에 차질을 빚음으로 인해 그동안 쌓은 신뢰를 잃었을지도 모를 일이다. 또한 우연한 만남을 좋은 인연으로 발전시킬 수도 없었을 것이다. 최악의 상황을 최선의 상황으로 바꾸는 것은 결국 어떻게 마음을 먹느냐에 달려 있다. 인생을 뒤흔드는 역경에서부터 일상의 자잘한 사건사고에 이르기까지 살다 보면 크고 작은 안 좋은 일들을 피할 수 없을 때가 있다. 그때마다 상황을 반전시키는 게임 체인저는 다름 아닌 '나의 태도'라는 것을 잊지 말자. 이 태도의 법칙을 기억한다면 어떠한 시련이 닥쳐도 당신은 당신 삶의 게임 체인저가 될 수 있을 것이다.

✩ 가진 것이 없는 순간에도 할 수 있는 일이 있다

There is always something you can do

나는 가끔 나의 총자산을 엑셀로 정리한다. 특히 한 해의 마지막 날인 12월 31일에는 꼭 하려고 노력한다. 주기적으로 하는 것도 그 나름의 장점이 있을 테지만, 자산 운용상 특별한 이슈가 없는 시기도 있고, 단순히 보유 자산의 숫자를 기록하는 기계적인 행위에만 매달리다 보면 오히려 큰 그림을 놓칠 때가 있어서 큰 틀에서의 흐름을 놓치지 않는 선에서 시간적 여력이 있을 때 자산 점검을 한다. 그렇게 바쁜 일상으로 한동안 잊고 있다가 얼마 전 내가 가진 자산을 정리해보니 무려 내 자산의 규모가 180억대를 돌파해서 스스로도 매우 놀랐다. (이에 대해서는 이 책의 뒷부분에서 구체적으로 이야기할 예정이다.)

나는 몇 년 전부터 유튜브 채널 '행복부자 샤이니'를 개설해 영어 공부 이외에도 내가 그동안 경험한 바들을 진솔하게 나누며 소통하는 공간을 꾸려왔다. 계기는 소박했다. 오래전부터 교류했던 친구들이나 일로 만났지만 관계가 깊어진 사람 등 내 개인사를 어느 정도 알고 있는 지인들이 언제부턴가 내게 '샤이니 선생님 스토리는 진짜 요즘 젊은 사람들이 꼭 들어야 할 것 같아', '재영아, 너 부자 된 이야기는 나만 알기 너무 아깝다'라는 반응을 보이기 시작했다. 나는 그저 열심히 살아왔을 뿐인데, 내 이야기가 누군가에게 힘이 되고 동기부여가 된다는 사실이 나를 고무시켰다. 그래서 사람들에게 영어에 대한 지식을 가르쳐주었듯이, 내가 차근차근 부를 일궈간 과정도 공유하면 도움을 줄 수 있겠다는 생각을 하게 되었다.

유튜브를 운영하면서 가장 보람이 있을 때는 나의 젊은 시절과 비슷한 상황에 처한 청춘들이 조언을 구할 때다. 특히 코로나로 인해 많은 분들이 갑작스럽게 실직을 하거나 경제적 어려움에 처했을 무렵, 내게 이 상황을 어떻게 헤쳐 나가야 하냐고 묻는 분들이 많았다. 그중에서도 특별히 기억이 나는 질문을 해주신 분은 여행업계에서 일하시는 30대 초반의 프리랜서였다. 그분은 코로나로 인해 소득원이 모두 끊겨 월수입이 0원인 상태인데 앞으로 어떻게 살아가야 할지 너무 막막하다고 내게 답을 구하셨다.

프리랜서는 어디에 소속되어 일하지 않기 때문에 자신이 일한

만큼 돈을 번다. 조직에 매여 있지 않아 자유로운 만큼 불안정함을 감수해야 한다. 비단 코로나 때문이 아니었더라도 또 다른 요인들로 인해 프리랜서의 벌이는 늘 불규칙적이다. 나는 이 질문을 받고 '가진 것이 없어도 할 수 있는 일'이 있다고 답을 드렸다. 일종의 역발상이었다.

코로나 팬데믹 이후 언론 등에서 많이 등장했던 단어 중 하나는 '뉴 노멀new normal'이다. 말 그대로 '새로운 기준'이다. 코로나 팬데믹은 그전까지 우리가 표준이라고 생각했던 기준들을 모두 허물어 버리고 새로운 차원의 기준을 세우게 만들었다. 코로나로 인해 나의 수입이 끊겼다고 생각하면 나의 상황은 절망 그 자체에 그치고 만다. 하지만 이를 계기로 다른 차원의 벌이나 수입의 다각화를 고민하게 되었다면 그것은 절망적인 상황이 아니라 기회일 수도 있다. 새로운 기준을 세우고 내 삶을 재부팅할 기회인 것이다.

가령, 여행을 좋아해서 여행업계에서 일을 했었다면, 당장 가이드 일은 할 수 없게 되었다고 해도 블로그나 SNS에 자신의 경험을 담은 글들을 틈틈이 올려서 콘텐츠를 쌓는 것이 새로운 소득의 파이프라인을 만드는 방법일 수 있다. 아무런 반응이 없다고 해서 한두 번 글을 쓰다 말면 아무것도 아닌 게 되지만, 꾸준히 콘텐츠를 쌓아갔다면 코로나 팬데믹이 풀리고 막혀 있던 여행에 대한 욕구가 폭발한 지금, 그분은 현지 가이드 일 이외에 여행 정보를 알려주는 인플루언서라는 새로운 업을 얻었을지도 모른다. 이런 일이 꼬리에 꼬리를 물면 자기 브랜드가 만들어지고, 몸값이 올라가는 선순환으로 연결된다. 만일 나를 드러내놓고 브랜딩하는 것이 성향이나 기질상 맞지 않는다면 나만의 감각으로 큐레이션한 물건을 판매하는 방법도 하나의 방법일 것이다. 이렇게 위기 이후에 오히려 소득이 몇십 배 늘어난 사례는 셀 수 없이 많다.

실제로 나의 지인 중에는 경단녀(경력이 단절된 여성)에서 10년 만에 영어 학원 원장님이 되신 분이 있다. 그분은 결혼 후 임신, 출산, 육아로 인해 회사를 그만두고 전업주부 생활을 하다가 남편으로부터 경제적인 독립을 하고 싶다는 마음이 들었다고 한다. 여러 방법을 모색하시다가 자신이 대학 시절 어학연수를 가서 영어를 굉장히 빠르게 배웠던 과정을 블로그에 꾸준히 올렸다. 그렇게 꾸준히 글을 써나가자 어느 날 한 출판사에서 책을 출간하자고 연락이 왔다. 이후에 책 출간을 계기로 지역 도서관 등에 강의를 꾸준히 나가게 되셨고, 이후 자신의 노하우를 사업화해서 영어 학원까지 오픈하게 되었다. 어디 그뿐인가? 그 어떤 전염병이 찾아와도 오히려 더 호황을 누릴 온라인 학습 시스템까지 구축해 잠자는 동안에도 통장에 돈이 입금된다.

이처럼 하늘이 무너져도 솟아날 구멍을 찾으려는 마음이 있으면 가진 것이 없는 순간에도 분명 내가 할 수 있는 일이 보인다. 그게 무엇이든 한발을 더 내딛어보려는 '행동'이 막막한 삶에 돌파구를 만든다.

☆☆☆
작은 성공들이 쌓이면 커다란 힘이 된다

The power of small wins

내가 처한 어려운 상황들을 최대한 긍정적인 시선으로 바라보고, 그 상황을 헤쳐 나가기 위해 뭐라도 하려는 마음을 먹었다면, 그다음에는 어떤 스텝을 밟아야 할까? 어떤 일이든 새롭게 시작하려고 할 때 가장 커다란 장애물은 '자신에 대한 의심'이다. 적은 바깥이 아닌 내 안에 도사리고 있는 셈이다. 그리고 그 적을 해치우는 가장 좋은 방법은 내 경험상 '작은 성공을 쌓는 것'이었다.

돌이켜보면 내 인생에서 실패에 대한 두려움이 가장 컸던 도전은 다니던 회사를 그만두는 일이었다. 그럼에도 불구하고 회사를 그만둘 수 있었던 것은 내가 진짜 원하는 일을 하며 살고 싶다는 소망과 더불어 퇴사를 한다고 해도 최소한의 생계는 이어갈 수 있겠다는 마음이 있었기 때문이었다. 당장 번듯한 곳에서 영어 강사로 일할 수는 없었지만, 대학생 시절부터 해온 과외를 하며 학생들에게 좋은 피드백을 받고 돈도 벌었던 경험이 내게는 일종의 작은 성공 데이터였던 셈이다.

나는 지금도 뭔가 할지 말지 결정해야 할 때, 보통 하는 쪽을 선택한다. 실패의 확률도 감수하면서도 우선은 도전해보는 이유는 단순하다. 아무것도 하지 않으면 아무 일도 일어나지 않기 때문이다. 일단 무엇인가 행동하면 그것이 성공 여부와 관계없이 나에게 데이터가 남는다. 이때 성공하지 못해서 얻은 데이터를 나는 '실패 데이터'로 보지 않는다. 그것은 '배움 데이터'다. '실패 데이터'는 새로운 도전이 두렵고 떨린다고 해서 포기했을 때 남는 데이터다. 특히나 아무것도 잃을 것이 없는 상황이라면 더더욱 도전해야 한다. 도전 끝에 내 손에 쥔 것이 없다면 그냥 제자리일 테고, 성공을 하면 얻는 것이 있을 테니 말이다. 밑져야 본전인 장사다.

'작은 성공의 반복'은 수많은 자기계발서에서 빠지지 않고 언급하는 메시지이기도 하다. 나는 이와 관련된 이야기 중《아주 작은 습관의 힘》의 저자 제임스 클리어의 이야기를 좋아한다. 고교 야구 유망주였던 저자는 연습 중 큰 사고를 당해 실명 위기까지 겪는 절망적인 상황에 빠진다. 하지만 걷는 것조차 힘든 일이 되어버린 저자는 낙담하는 대신 희망의 발걸음을 내딛는다. 그는 매일 걷기

연습을 해서 반년 만에 운동을 할 수 있게 된다. 여기까지만 해도 인간 승리의 서사인데, 심지어 몇 년 후에는 대학 리그 최고의 선수로 등극한다.

이 책은 결국 '좋은 습관'에 관한 책이지만, 나는 이 책에서 '작은'에 더 눈길이 간다. 삶을 변화시키는 좋은 습관도, 나를 성공으로 이끄는 도전도 '작은' 시도에서부터 시작되기 때문이다. 성공의 데이터는 거창할 필요가 없다. 내가 도달하고자 하는 목표와는 전혀 관계가 없어 보이는 일상의 루틴에서 작은 성공을 쌓는 것도 큰 도움이 된다. 가령, 아침 6시에 일어나는 것도 작은 성공의 데이터를 쌓기 위한 미션이 될 수 있다. (아침에 일찍 일어나기는 퇴사와 이직 등에 비하면 얼마나 가뿐한 미션인가!) 아침잠이 많은 내가 과연 할 수 있을까 싶지만 이른 아침 알람이 울렸을 때 꾹 참고서 일어나는 루틴을 꾸준히 성공해내다 보면, 이런 경험은 나의 무의식에 '나는 계획한 것은 해내는 사람'이라는 긍정적인 자기 인식으로 차곡차곡 쌓인다.

그리고 이는 내가 큰 도전에 직면했을 때 '나는 해낼 수 있는 사람'이라는 자기 효능감으로 이어져 두려움을 이겨내고 일단 해보고자 하는 힘을 내도록 만든다. 만일 지금 아무것도 할 수 없다는 무기력함에 빠져 있는가? 내가 앞으로 무엇을 하고 어떻게 살아가야 할지 답이 잘 보이지 않는가? 그렇다면 일상에서 작은 성공의 경험을 하나둘씩 쌓기 위해 노력해보자. 일어나자마자 이부자리

정리하기, 식사 후 설거지 바로하기, 밖에 나가서 30분 산책하기, 하루에 무슨 일이 있어도 영어 단어 5개 꼭 외우기……. 잘 찾아보면 거뜬히 해낼 수 있는 작은 미션들이 우리 일상에 가득하다. 그렇게 작은 일에서부터 하나하나 성공의 경험을 축적해나가 보면 언젠가 더 큰 도전이 내 앞에 다가왔을 때 겁먹지 않고 뛰어들 수 있는 용기가 발휘될 것이다.

복은 저절로 굴러들어오지 않는다

Create your own luck

유튜브 채널을 운영하는 즐거움 중 하나는 여러 가지 서브 미션을 진행하며 구독자 분들과 소통하는 것이다. 나는 이 활동에 '한다 프로젝트'라고 이름을 붙였다. 말 그대로 무언가를 '하는' 것이다. 앞에서도 반복해서 이야기했지만 변화하려면 무엇이든 '해야만' 한다. 미션은 그때그때마다 달라지는데, 어떤 때는 부동산 공부를 하기도 하고, 어떤 때는 자기계발 미션을 수행하기도 한다. 그러던 어느 날, 재미있는 아이디어가 떠올랐다. 부자는 아니지만 부자 행동을 미리 실행하게 하고 그때의 느낌을 미리 경험하게 하는 것. 나는 한다 프로젝트 크루들에게 이 경험을 공유하고 싶어서 '만 원 프로젝트'라는 이름의 미션을 만들었다.

과제의 내용은 간단했다. 한 달 동안 자신이 만나는 사람들 중에 고마운 마음이 들었거나 그 사람의 사는 모습에 자신이 너무 감화를 받았다면 그분에게 '만 원'이라는 돈을 건네주는 과제였다. 서양의 팁 문화에서 착안한 미션이었다. 외국에서는 레스토랑이나 호텔 등을 이용할 때 서빙을 해준 웨이터나 웨이트리스 또는 호텔리어들에게 감사함의 표시로 일정한 금액을 팁으로 건넨다. 미국에 교환학생을 갔을 때 그들의 팁 문화에 깊은 인상을 받은 나는 어느 정도 돈을 벌게 된 이후로 세차 서비스를 받았거나 고깃집에서 고기를 맛있게 구워준 분에게 과하지 않을 정도로 팁을 드리곤 했다. 이 행동은 마음에 여유가 있어야 자연스럽게 가능하다. 그런 부자의 마인드를 체험해보자는 의미에서 내준 과제였다.

그런데 이 과제를 실천했던 과제 수행원 중에 정말 놀라운 기적을 체험한 분이 있었다. 결론부터 이야기하자면, 그분은 '만 원 프로젝트' 과제를 수행하는 과정에서 상가 주인이 되었다. 평범한 직장인이었던 A씨는 구정 연휴를 맞아 고향인 지방으로 내려갔다. '한다 프로젝트'를 하면서 부동산 이야기도 많이 듣고, 재테크 등에 대한 공부를 조금씩 하다 보니 새로운 관심이 생겨서 카페를 가던 길에 눈에 보이는 부동산에도 들러보려고 마음먹었다고 한다.

그런데 명절 연휴 기간이다 보니 두 곳이나 들렀지만 모두 문이 닫혀 있었다. 그래서 어쩔 수 없이 부동산은 체념하고 일이나 하자는 생각으로 어느 한 카페에 들어갔다. 그런데 그곳 사장님께서 공인중개사 자격증을 취득하셔서 카페와 부동산을 겸하고 있는 것이 아닌가. 덕분에 커피도 마시며 우연히 상담을 받게 되었고, 카페 사장님이자 공인중개사님께서 부동산 투자를 하기에는 아직 자본금이 부족하신 것 같으니 종자돈을 좀 더 모으시는 게 좋겠다고 조언을 해주셨다고 한다.

사장님은 부동산에 대한 조언뿐 아니라 앞으로 어떻게 재테크를 하고 어떻게 남은 인생을 설계하면 좋을지 등에 대해서도 뼈가 되고 살이 되는 조언들을 많이 해주셨다. 슬슬 자리를 정리할 무렵이 되자 A씨는 문득 '부자 마인드, 만 원 프로젝트' 과제가 떠올라 이날의 고마움에 보답을 해야겠다는 생각에 지갑 안에서 가장 빳빳하고 깨끗한 만 원 한 장을 꺼내서 사장님에게 건넸다. 하지만 사장님은 무슨 돈이냐면서 극구 사양하시고는 다음에 커피나 한 잔 더 마시러 오라고 하시며 카운터로 급히 가셨다. A씨도 조금 머쓱해져서 남은 책이나 읽고 가야겠다고 생각하고 독서를 한참 하고 있을 때였다. 얼마 후 사장님이 다시 다가오시더니 잠깐 이야기를 할 수 있겠냐고 하셨다.

대부분의 사람은 상담을 해줘도 고마운 줄 모르고 당연히 여기기 십상인데, A씨는 감사함을 가득 담아 만 원을 드리고 싶어하는 그 마음에 감동을 받으셨다고. 그래서 고민 끝에 사장님 본인이 투자용으로 매수해둔 물건 중 목이 좋은 곳에 위치한 상가 하나를 초창기 가격으로 A씨에게 넘겨주고 싶다고 말했다. 당시에도 사장님이 매수할 때보다 가격이 크게 올라있었기 때문에 A씨는 계약만 한다면 몇 천만 원의 이득을 보는 셈이었다. 즉, A씨는 너무 좋은 물건을 뜻밖의 행운처럼 소개받게 되었고, 덕분에 아주 저렴한 가격에 상가를 소유할 수 있게 되었다.

나를 비롯해 '한다 프로젝트'를 함께 수행했던 모든 사람은 A씨의 이야기를 듣고 어떻게 이런 일이 생길 수 있느냐며 놀라워했다. 하지만 가만히 들여다보면 A씨의 행운은 아무런 인과관계 없이 하늘에서 뚝 떨어진 행운이 아니었다. 무엇보다 A씨는 생각을 행동으로 실천했다. '한다 프로젝트'를 해낸 것이다. 책을 들고 카페에 찾아간 것도, 그곳에 계셨던 공인중개사 사장님께 상담을 요청한 것도, 모두 A씨의 행동력에서 비롯된 것이었다. 여기에 더해 A씨가 사장님께 보여준 진실한 태도와 상대방의 말을 믿고 경청하는 태도, 그리고 상대방이 공유해준 정보나 호의에 기꺼이 고마워하며 보답하고자 했던 마음이 A씨가 바라던 바를 끌어당겨다 준 것이다. 복은 저절로 굴러들어오지 않는다. 복은 행동하는 이의 집 앞에서 문을 두드린다.

만 원 프로젝트

서양의 팁 문화에서 착안한 미션으로, 나는 어느 정도 돈을 벌게 된
후에 세차 서비스를 받았거나 고깃집에서 고기를 맛있게 구워준 분
에게 과하지 않을 정도로 팁을 드리곤 했다. 이 행동은 마음에 여유
가 있어야 자연스럽게 가능하다. 즉, 진짜 부자의 행동법을 미리 연
습해보는 것이다.

★ 행동 지령

❶ 한 달에 최소 한 번, 만 원 프로젝트를 실시한다.

❷ 단, 만 원을 줄 상대에게 고마운 마음이 들었거나 그 사람의 사는 모습
　에 감화를 받아야 한다.

❸ 만 원으로 여유로운 마음과 베풀기의 행복을 느껴볼 것!

❹ 그날의 감회를 꼭 글로 남겨볼 것.

※주의사항: 아는 지인은 제외할 것.

☆☆☆
소중하고 좋아하는 것에 시간을 써라

How you spend your time is how you spend your life

요즘 '워라밸'이란 말을 이곳저곳에서 많이 듣는다. '워라밸'은 '워크 라이프 밸런스work-life balance'의 줄임말로 일과 삶의 균형을 가리킨다. 너무 일하는 데에만 치우칠 것이 아니라 일 이외의 가정생활, 여가생활, 자기계발 등에도 균형감 있게 시간을 안배하여 살아가자는 뜻이 담긴 말이다. 그런데 '균형'이라고 하면 사람들은 곧잘 양적인 균형만 생각하는 것 같다. 하지만 나는 조금 다르게 생각한다. 나는 균형이 선택과 집중의 문제라고 생각한다.

'8시간 일했으니 남은 시간에는 무조건 쉴래! 워라밸이라잖아'는 기계적인 균형이다. 자신이 좋아하는 일을 하기 위해 시간을 들여 기쁘게 몰두할 수 있다면, 그래서 내가 원하는 것(그것이 돈이든, 지식이든, 감정적인 것이든)에 도달할 수 있다면 나는 그것도 워라밸이라고 생각한다. 같은 맥락에서 내가 원하지 않는 일에는 과감히 'No'라고 거절할 수 있다면, 그래서 내가 하고 싶은 일을 할 시간을 마련할 수 있다면 나는 그것도 워라밸을 추구하는 방법이라고 본다.

EBS 강사 시절, 주위에서 늘 내게 이런 말을 했다. "샤이니 쌤, 왜 그렇게 열심히 살아. 왜 그렇게 시간을 막 쪼개서 살아. 보는 내가 다 안 됐어. 피곤하지 않아?" 하지만 그때의 나는 내가 그토록 하고 싶었던 EBS 영어 강사가 내 직업이 된 상황이 무척 감사했다. 나의 능력을 발휘하며 즐겁게 일하면서 차츰차츰 돈이 모이는 재미도 쏠쏠했다. 또 가능한 이른 나이에 경제적 자유를 이루어, 이후에 그 과실을 즐기는 삶을 최대한 오래 영위하고 싶었다. 삶이라는 긴 여정을 두고 보았을 때, 나는 한 살이라도 더 젊은 나이에 나의 에너지와 시간을 내가 좋아하는 일을 하는 데 집중하기로 결정했던 것이다. 20대에 치열하게 살았을 경우와 50대에 치열하게 살았을 경우를 비교해보면 그 이후에 과실을 온전히 누릴 수 있는 기간에 30년이나 차이가 나지 않는가.

최근 인상 깊게 읽은 책 중《최강의 인생》이란 책이 있다. 이 책은 '방탄 커피'의 창시자이자 실리콘밸리에서 3,600달러 규모의 회사를 운영 중인 데이브 아스프리가 자신의 팟캐스트에서 450명의 게임 체인저들을 만나 그들이 성공 가능했던 비결을 듣고 정리한 것이다. 저자는 그 비결을 총 44개의 법칙으로 요약하고 있는데, 그중에서 내가 '맞아, 맞아. 이건 정말 내 이야기네' 하고 무릎을 치며 동의했던 법칙이 하나 있다. 그것은 바로 '법칙 1. 거절의 힘을 믿어라'였다.

450명의 게임 체인저들은 자기 인생에서 진짜로 소중한 것이 무엇인지 알고, 그것에 반하는 일이 생겼을 때 과감하게 '거절'할 줄 알았다. 즉, 삶의 우선순위를 철저하게 세우고 그 기준에 따라 자신이 가진 시간과 에너지를 선택해서 투입했던 것이다. 그들은 기계적인 균형을 추구하지 않았다. 아무리 많은 돈과 시간을 가졌다고 해도 우리가 가진 자원은 유한하다. 그렇기 때문에 늘 모든 선택에는 기회비용이 따른다. 따라서 행복한 삶, 내가 주도하는 삶을 살아가기 위해서는 궁극적으로 내가 원하는 바를 명확하게 파악하고 소중한 나의 에너지를 그곳에 투여해야 한다. 그렇지 않으면 쓸데없는 곳에 시간과 에너지를 낭비하게 된다.

책 속에서는 이를 두고 '에너지를 사용하는 데에도 예산 계획이 필요하다'고 표현한다. 그리고 이 계획을 세우기 위해서는 20년 후의 내 모습을 머릿속에 그려보라고 제안한다. 이 방법은 내가 '행복부자 프로젝트'를 할 때 꼭 진행하는 과제와도 상통한다. 나는 'Draw your perfect day(당신의 완벽한 하루를 그려보세요)' 활동을 제안하고 크루들과 함께 하는데, 내가 꿈꾸는 이상적인 하루를 그리다 보면 나도 모르게 중요하게 생각했던 가치를 발견할 수 있다. 내 경우에는 자유, 그리고 사랑하는 사람들과 좋은 것을 나누는 것, 자연 등이 내 삶의 우선순위로 자주 나온다. 이 가치들에 내 시간과 에너지를 충분히 쓰는 것. 나는 그것이 진정으로 균형 있는 삶이라고 믿는다.

이와 비슷한 맥락에서 자신의 약점에 시선을 두지 않고 강점에 집중하는 태도도 성공을 위해 꼭 필요한 자세다. 장점만 있는 사람은 없다. 단점만 있는 사람도 없다. 모든 사람은 저마다 잘하는 일과 못하는 일이 두루 있다. 완벽한 사람은 존재하지 않는다. 따라서 가장 나다운 삶을 살기 위해서는 자신이 잘하는 일, 좋아서 잘하고 싶은 일에 집중해야 한다.

가령, 내 경우에는 어렸을 때 내 목소리를 녹음해서 듣는 걸 그렇게 좋아했다. 중학교 시절, 라디오에서 흘러나오는 팝송을 공테이프에 녹음하면서, 가끔은 내가 그 팝송을 따라 부른 목소리를 녹음해서 듣기도 했다. 물론 영어 실력 향상을 위해 다양한 문장들도 녹음했다. 녹음된 내 목소리를 들으면서 어떤 발음이 좋고, 어떤 발음이 이상한지, 원어민 발음과 유사하려면 어떻게 소리 내야 하는지를 공부가 아니라 재밌는 취미 활동처럼 열심히 했다. 그렇게 놀이처럼 했던 일이 나중에 영어 강사로 일하는 데에 큰 도움이 되어주었음은 물론이다.

다른 사람이 세운 기준은 결코 내 행복의 기준이 될 수 없다. 세상이 좋다고 말하는 가치도 내가 진정 원하는 것이 아니라면 그것은 그저 평균치의 행복일 뿐이다. 더 나은 삶을 살고 싶은가? 오늘보다 나은 내일에 가닿고 싶은가? 그렇다면 지금 자신이 가장 소중하게 여기고 좋아하는 것이 무엇인지 잘 생각해보자. 그것에 아낌없이 당신의 시간과 에너지를 써라. 그 시간이야말로 당신 삶의 균형을 잡아줄 워라밸 타임이다.

Shiny Project

Draw your perfect day!

'Draw your perfect day!' '당신의 완벽한 하루를 그려보세요' 활동은 내가 꿈꾸는 이상적인 하루를 그리면서 나도 모르게 중요하게 생각했던 가치를 발견하는 활동이다. 자신이 언젠가 이룰 가장 완벽한 하루를 그려보자.

✦ 행동 지령

❶ 아래 하루 시간표에 내가 꿈꾸는 하루를 작성해보자.

❷ 그 하루에 속해있는 가치들을 찾아보자.

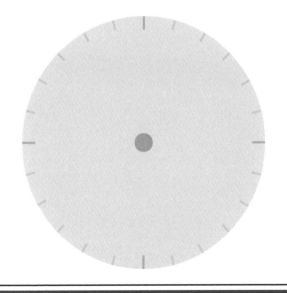

긍정의 주파수를 맞추는 2가지 방법

How to shift your perspective to have a positive outlook

'행복해서 웃는 게 아니라 웃어서 행복하다'라는 말을 들어본 적이 있을 것이다. 나는 이 말이 100% 진실이라고 확신한다. 앞에서도 이야기했듯 나의 20대는 매일이 가난과의 사투였다. 특히 금산본가에서 급하게 도움 요청이 와 급전을 부쳐드리거나 사건을 수습하고 나면 그전까지 의욕적으로 열심히 일을 했다가도 온몸에 힘이 빠지고 내 인생이 서글퍼지곤 했다. 그럴 땐 술을 마시거나 친구를 만나 수다를 떨며 스트레스를 풀고 싶은 유혹도 있었지만, 그럴 여유가 당시의 내게는 없었다. 나는 또다시 마음을 추스르고 일을 하러 가야 했다. 신기한 것은 슬픈 마음을 뒤로하고 스튜디오에 들어가서 코믹한 분장을 하고 빨간 봉을 휘두르며 "자체발광 눈부신 샤이니 쌤입니다~"라고 오프닝을 한 뒤 몇 시간을 신나게 강의하고 나오면 침울했던 기분이 다시 회복되어 있곤 했다. 카메라 앞에서 그 누구보다 환하게 웃는 시간을 보내고 오면, '행복해서 웃는' 것이 아니라 '웃어서 행복해진다' 라는 말이 무엇인지 뼛속 깊이 이해되었다.

나에겐 '소확행(소소하지만 확실한 행복)'을 가져다주는 나만의 아주 오래된 습관이 하나 있다. 바로 콧노래를 흥얼대는 습관이다. '행복해서 웃는 게 아니라 웃어서 행복하다'라는 말에서 '웃음' 자리에 '콧노래'를 넣어도 딱 맞는 말인 것 같다. '행복해서 콧노래를 부르는 게 아니라, 콧노래를 불러서 행복하다!' 콧노래는 일상에서 억압된 감정과 스트레스를 푸는 나만의 고전적인 리추얼ritual이다. 노래는 우리의 뇌를 자극하는 아주 좋은 수단이다. 연구 결과, 음악에 맞춰 노래를 부르면 좌뇌가 활성화되고 우뇌의 활동도 촉발된다고 한다. 미국 알츠하이머재단은 알츠하이머 환자들의 치료에 음악을 적절히 사용하면 스트레스 관리, 인지 기능 향상, 운동신경 조절, 상호작용 촉진 등 다방면에서 긍정적인 효과가 있다고 말하기도 했다.

과학자들의 연구를 보지 않더라도 노래하기의 장점을 우리는 직접적으로 체험해본 경험들이 있을 것이다. 학창시절, 무언가를 암기를 해야 하는데 무작정 외우기보다 멜로디가 익숙한 노래에 나름대로 가사를 붙여 암기하면 내용이 머릿속에 쏙쏙 들어오던 기억, 하나씩은 있지 않은가? 그런데 노래 중에서도 콧노래는 우리 뇌를 그냥 노래를 부를 때보다 더 강하게 자극한다. 콧노래를 할 때는 두성으로 머리 전체가 울리는 것을 느낄 수 있다. 즉, 비강 내 진동이 뇌를 더 강하게 자극한다. 콧노래가 우리의 뇌를 더 왕성하게 활성화시키는 이유다.

내가 콧노래를 흥얼거리는 게 습관이 된 것은 고등학생 때였다. 늘 밝고 쾌활해서 구김 없다는 말을 많이 듣는 편이었지만 수험생이라면 일상적으로 주입되는 공부 부담에 가난한 집안 사정 등으로 인해 나도 모르게 엄청난 스트레스를 받는 환경 속에서 살았다. 그런 환경 속에서 나도 모르게 내 몸이 환경을 극복하고 살아남아야겠다는 생각을 무의식중에 했기 때문이었는지 콧노래를 진짜 많이 불렀다. 동요부터 항상 즐겨듣던 올드팝까지 이 모든 것이 내 레퍼토리였다. 이도 저도 아니면 알 수 없는 멜로디를 지어내 허밍 humming을 부르기도 했다.

내가 콧노래를 얼마나 오죽 잘 흥얼대면 사람들이 멀리서도 누군지 알아차릴 정도로 내 트레이드마크가 되었다. EBS 강의를 녹화하러 방송국에 가면 스튜디오가 아주 많은데, 여러 촬영이 각각의 스튜디오에서 동시다발적으로 이루어진다. 방송은 화면에 나오는 사람들 외에도 정말 많은 사람이 보이지 않는 곳에서 협업해서 만들어지는 아트다. 그렇게 여러 사람이 뒤섞인 곳에서도 함께 촬영하는 스태프들은 내 얼굴을 보지 않고도 내가 스튜디오에 왔는지를 바로 딱 안다.

"샤이니 선생님, 몇 분 전에 도착하셨죠? 선생님 콧노래 소리 들으면 딱 안다니까. 그렇게 신나게 흥얼대는 사람은 샤이니 쌤밖에 없어요. 그런데 그 소리 듣고 있으면 녹화 전 긴장감이 사라져서 얼마나 좋은지 몰라~ 쌤은 행복 바이러스서~"

콧노래 말고도 내가 늘 밝고 행복한 기운을 유지하는 비결이 또 하나 있다. 그것은 내 감정에 스스로 솔직히 반응하는 것이다. 주위 사람들은 나에게 "샤이니 쌤은 어쩜 그렇게 늘 밝으세요?"라고 묻곤 한다. 하지만 나라고 해서 늘 웃고, 행복하고, 좋은 날만 있으랴? 나와 매우 가까운 사람들은 내가 잘 웃을 뿐만 아니라 잘 울기도 하고, 화를 내야 할 상황에는 절대 화를 참지 않는다는 것을 잘 안다. 그렇다고 감정에 기복이 있어 예측할 수 없게 롤러코스터를 타는 것은 아니다. 핵심은 내가 느끼는 감정을 나 스스로가 존중해주고 받아주는 것이다. 감정을 억압하면 마음에 응어리가 진다. 그리고 제때 표현되고 수용되지 못한 감정은 다른 계기로 분출된다. 그리고 맥락을 벗어난 감정의 표현은 나에게도, 타인에게도 상처를 입힌다. 내가 내 감정의 주인이 되지 못하고 휘둘리게 되는 것이다.

전 세계적인 베스트셀러이자 자기계발서의 대명사라고 할 수 있는 론다 번의 《시크릿》은 '끌어당김의 법칙'으로 유명하다. 그리고 그 끌어당김의 법칙을 설명하는 핵심 개념 중 하나는 바로 '주파수'다. 내 에너지의 주파수를 성공, 긍정, 풍요의 주파수에 맞출 때 비로소 내가 원하는 것을 내게로 끌어당길 수 있다는 주장이다. 우리가 라디오를 켜면 가장 먼저 하는 일이 원하는 방송을 듣기 위해 주파수를 맞추는 일이다. 어떤 주파수에서는 클래식 방송이 나오고, 어떤 주파수에서는 시사경제 뉴스를 들을 수 있다. 하지만 어떤 주파수에서는 아무런 방송도 들을 수 없고 지지직거리거나 삐 소리가 나며 소음만 들린다.

나는 우리의 하루도, 그리고 우리의 삶도 마찬가지라고 생각한다. 우리는 세상으로부터 어떤 기운과 정보를 나에게 끌어당길지, 인생의 주파수를 어디로 맞출지 스스로 결정할 수 있다. 콧노래를 흥얼대는 것, 그리고 나의 감정을 내가 존중하는 것. 이 2가지는 긍정의 주파수를 끌어당기는 나만의 노하우다. 그리고 이런 긍정의 리추얼은 나를 기분 좋게 끌어올려줄 뿐만 아니라 다른 사람에게까지 좋은 기분을 전염시킨다. 긍정의 에너지를 가진 사람 주위에 사람들이 몰리는 이유다. 많은 사람들이 만나고 싶어 하고, 알아서 찾는 사람이 되면 그것은 나의 영향력이 되기도 한다.

꼭 인맥을 쌓고 나의 사회적 관계망을 넓히기 위해서가 아니더라도, 긍정의 주파수를 맞추는 습관을 들이면 무엇보다 나의 몸과 마음이 건강해진다. 내 안의 기저 감정이 엉긴 데 없이 부드럽게 흘러가니 표정부터 말투, 자세까지 뭐 하나 흐트러짐 없이 좋은 기운을 유지할 수 있는 것이다. 나를 살리고, 타인도 살리는 긍정의 힘이다.

팝송 하나쯤은 외우고 살아요

콧노래를 자주 부르는 것도 좋지만, 이왕 콧노래를 불러야지 생각했다면 팝송에 도전해보자! 아는 팝송이 없다면 내가 가장 사랑하는 가수 글렌 메데이로스의 〈Nothing's gonna change my love for you〉을 추천한다.

✦ 행동 지령

❶ 가장 좋아하는 팝송 하나를 고른다.

❷ 플레이 리스트에 추가할 것.

❸ 영어 가사를 소리 내어 여러 번 읽어본다.

❹ 팝송을 틀어놓고 따라 부르며 행복에 주파수를 맞추자.

질투심 뒤에는 또 다른 얼굴이 숨어 있다

Manage your jealousy

유튜브 채널을 운영하다 보니 인생 상담을 요청하는 질문을 많이 받는다. 그중 단골로 등장하는 질문은 '질투심을 어떻게 다루어야 하는가?'에 대한 것이다. 질투심을 잘 다루기 위해서는 우선 우리가 왜 질투심을 느끼는지 이해해야 한다. 우리는 아무에게나 질투심을 느끼지 않는다. 내가 질투했던 대상들을 가만히 떠올려보자. TV에 나오는 연예인, 재벌가 회장님처럼 내가 가닿기 어려운 이들은 동경하고 부러워할 수는 있지만 질투하지는 않는다. 우리 속담에 '사촌이 땅을 사면 배가 아프다'라는 말이 있는데, 이 말처럼 질투심의 본질을 잘 꿰뚫은 말도 없다. 우리는 나로 하여금 초라함을 느끼게 하는, 비교적 가까운 대상에게 가장 질투심을 많이 느낀다. 여기서 '초라함을 느끼게 한다'는 부분이 포인트다. 즉, 나의 '결핍'을 자극하는 사람은 나의 질투심을 불러일으킨다.

따라서 질투심을 잘 다루기 위해서는 나의 결핍을 잘 달랠 줄 알아야 한다. 결핍, 즉 부족함을 생각할 때마다 나는 늘 신기하고 놀랍다. '없음' 안에 힘이 '있기' 때문이다. 결핍은 숫자로 치면 '0'이지만, 무한대(∞)의 힘이 깃들어 있다. 한자 빌 공空이 텅 비어있는 개념이지만, 동시에 모든 것을 담을 수 있는 공간이기도 한 것처럼. 쉽게 말해 내가 어떻게 취급하느냐에 따라 양날의 검이라는 말이다. 결핍은 2가지 방향의 에너지를 모두 가지고 있다. 하나는 건설적인 에너지다. 없는 것을 채우기 위해 노력하다 보면 오늘의 나는 어제의 나보다 발전되어 있다. 나는 10~20대 시절, 나의 경제적 결핍을 채우기 위해 각고의 애를 쓴 끝에 지금은 180억대 자산가가 되었다. 대다수의 자수성가형 CEO들이 이 경우에 속한다.

하지만 결핍을 나를 움직이는 동력으로 사용하지 않으면, 이 결핍은 파괴적인 에너지로만 작용하여 내 삶을 갉아먹는다. 결핍을 메우려는 노력을 하는 것은 어렵다. 행동을 해야 하기 때문이다. 하지만 그저 내 상황을 불평하기는 쉽다. 그것은 말로도, 생각만으로도 쉽게 할 수 있기 때문이다. 인간은 어려운 것보다 쉬운 것에 끌린다. 내 부족함을 비관하고 남의 성취는 깎아내리기 정말 쉽다.

앞서 알파벳도 못 쓰던 중학생이 갑자기 영어를 잘하게 된 이야기를 들려주었다. 영어 공부에 흐름을 타자 2학년이 되어서는 친구들이 '김재영=영어왕'이라고 생각할 만큼 영어에 큰 두각을 드러내기 시작했다. 문제는 내가 영어를 잘하게 되자 본의 아니게 우리 반에서 영어를 제일 잘했던 친구와 비교되기 시작했다는 사실이다. 그 친구도 나를 의식했고, 나도 그 친구를 의식했다. 그 친구는 나와 백그라운드가 전혀 달랐다. 중학교 입학 전부터 문법은 물론이고 발음을 포함한 여러 방면에서 선행을 마친 친구였다. 그전까지는 자기가 영어를 제일 잘하는 사람이었는데, 김재영이라는 아이가 갑자기 치고 나오니 위기의식을 느꼈던 모양이었다. 어느 날 그 아이는 나의 가장 취약한 부분인 문법을 파고들며 '영어 대결'을 신청했다. "야, 김재영. 너 요즘 영어 좀 한다? 내가 문제 낼 테니 한번 풀어봐."

당시 나는 발음적인 면은 굉장히 좋았지만 학교 수업 시간을 제외하고는 문법을 각 잡고 배운 적이 없었기 때문에 영문법에서는 많이 서툴렀다. 당연히 그 친구가 낸 문제를 제대로 풀 수 없었다. 그 일이 있고 나서 나는 그 친구에게 나도 모르게 큰 열등감이 생기고 말았다. 미리 선행을 해서 나보다 영어 지식이 많은 그 친구에게 질투심도 들었다. 하지만 거기에서 그치고 말았다면 발전은 없었을 것이다. 나는 다음 날부터 매일 아침 30분씩 일찍 일어나 선생님께 받은 문제집들을 봐가며 영어 문법을 파고들기 시작했다.

그렇게 규칙적으로 꾸준히 공부를 하니 어느 순간부터 인칭이며, 동사의 시제 구분이며, 복잡한 영어 문법이 한눈에 싹 정리가 되었다. 이렇게 머릿속으로 정리된 문법과 각종 표현들을 이용해 등하교 길에 말하기 연습을 했다. 나의 입으로 자연스럽게 나올 때까지 반복, 또 반복. 어느새 내 머릿 속으로 굳이 문법을 따지지 않아도 무의식적으로 유창한 영어 문장들이 터져나왔다. 그때의 희열이란!

'과외를 받지 않아도, 선행을 하지 않아도 나 스스로의 힘으로 해냈어.' 만일 그때 '내가 잘하는 줄 알았는데, 이런 것도 몰랐구나. 어휴, 쪽팔려. 우리 집은 학원에도 못 보내주고, 문제집 살 돈도 없어서 맨날 이렇게 빌려서 공부나 해야 하고. 이런 집안에서 내가 무슨 공부를 하겠어'라고 생각하고, 마냥 그 친구를 질투하기만 했다면 어땠을까? 분명 지금의 나는 불가능했으리라고 확신한다.

질투심을 잘 다스려야 하는 이유는 무엇보다 나 스스로에게 너무 해로운 감정이기 때문이다. 질투심을 느낄 때 우리의 마음은 요동친다. 마음에 활활 불길이 타올라서 그 불길 때문에 정작 내 영혼까지 하얗게 타는 줄도 모른다. 또한 질투심은 인간관계도 무너뜨린다. 사람이 성장하려면 혼자만의 노력으로는 부족하다. 함께 더불어 사는 세상이기 때문이다. 나보다 더 멋진 성취를 이룬 사람이 곁에 있으면 그 기운이 나에게도 전달되어 나도 발전할 수 있다. 그런데 그런 인연에 감사하기는커녕 타인의 성취에 배 아파하고 진정으로 축하해줄 줄 모르면 그런 당신의 마음을 상대방도 고스란히 느낀다. 부정적이든, 긍정적이든 감정에는 에너지가 있어서 전이되기 때문이다. 결국 발전하고 성장하는 사람과 나는 점점 멀어지게 된다. 그러고 나면 내 주위에는 내가 질투심을 느낄 필요가 없는, 인생의 발전이라고는 도모하지 않는 그런 사람들만 남아 있게 된다. 이게 과연 좋은 일일까?

질투심을 잘 다루려면 우리는 질투심의 또 다른 얼굴을 이해해야 한다. 내 결핍에서 비롯된 질투심은 굉장히 파괴적인 에너지를 지녔지만, 그 이면에는 '성장하고 싶은 욕구'도 있다는 사실이다. 이 사실을 이해하면 우리는 자기 파괴적인 질투를 멈추고, 나 자신을 위한 성장에 집중할 수 있게 된다. 남과 비교하는 상대평가를 하는 게 아니라 어제의 나를 오늘의 나와 비교하는 절대평가를 하게 된다. 여기서 성장은 자기계발적인 성장만 가리키지는 않는다. '더 예뻐지고 싶다', '더 경제적으로 풍요로워지고 싶다', '더 많은 지식을 갖고 싶다' 등 지금의 내가 가진 것보다 더 탁월한 것을 이루고 싶다는 마음도 포괄한다. 이 부분을 자각하면 우리는 질투의 파괴적인 에너지를 나를 성장시키는 건설적인 에너지로 전환시킬 수 있다.

4장

'부'의 크기가 아닌
밀도를 높여라

☆☆☆

결혼 후 부자가 되는 집의 돈 관리 비법

Marriage and money: tips for financial bliss

최근 통계청이 발표한 '2022년 사회조사 결과'에 따르면, 국민의 절반은 결혼하지 않아도 된다고 생각하는 것으로 나타났다. 결혼을 하지 않는 이유에 대해서도 물어봤는데, 가장 큰 이유는 '결혼자금이 부족해서'(28.7%)였다. 그다음으로 꼽은 이유는 '고용 상태가 불안정해서'(14.6%)였다. 즉, 응답자의 40% 이상이 비혼의 이유로 경제 사정을 꼽았다. 나는 이 통계의 결과가 충분히 이해된다. 앞에서도 이야기했었지만, 나 역시 결혼이 삶의 우선순위에 없었다. 그보다는 경제적인 자립이 가장 중요한 삶의 이슈였기 때문이다. 그러나 인생은 늘 예상 밖으로 흘러가는 법. 20대 후반, 소개팅으로 지금의 남편을 만난 뒤로 나는 나도 모르는 사이 누군가와 함께 살아가는 꿈을 꾸게 되었다. 양가의 기울어진 경제적 상황으로 인해 결혼을 주저했던 마음도 남편을 비롯한 시가 식구들의 배려 덕분에 큰 짐을 내려놓을 수 있게 되었다. (시가가 부자였던 것은 아니고 평범한 중산층 가정이었다.)

결혼 후 나는 싱글일 때보다 돈을 더 밀도 있게 모을 수 있었다. 이는 단순히 벌이가 2배가 되었기 때문은 아니다. 그보다는 남편과 나의 수입과 지출의 흐름을 하나로 모은 덕분이다. 요즘에는 많은 부부들이 함께 살기는 하지만, 경제적인 부분에 있어서는 싱글일 때와 마찬가지로 독립적인 생활을 하는 경우가 많다고 들었다. 가령, 각자의 벌이와 지출을 유지하면서 공동 생활비만 각출해서 사용하는 식이다. 이 역시 각 가정의 상황과 라이프 스타일에 따른 선택이므로 무엇이 옳고 그르다고 할 수는 없다. 하지만 돈을 밀도 있게 모으고 싶다면, 나는 부부가 경제적으로 이원화하기보다 두 사람의 수입과 지출을 하나의 흐름으로 합치는 편이 더 효율적이라고 보았다. 이러한 생각에 나는 결혼 직후 남편에게 다음과 같이 제안했다.

"오빠, 우리 6개월 동안 유예 기간을 가지고, 그 후에는 서로의 소득을 투명하게 공개하고, 돈을 좀 더 꼼꼼히 다룰 수 있는 사람이 돈 관리하는 게 어떨까? 그래야 하나의 목표를 향해 효율적으로 나아갈 수 있을 것 같아. 안 그러면 수입이 분산되고 지출 통제도 잘 안 될 것 같아."

남편은 이 제안을 처음부터 마음에 들어 하지는 않았다. 그동안 누리던 경제적 자유가 사라진다는 면에서 나의 제안에 반발심이 들었던 것 같다. 남편의 그런 마음도 어느 정도는 이해가 되었다. 하지만 두 사람의 노후를 대비할 수 있는 든든한 자산으로 몸집을 불리기 위해서는 두 사람이 '경제적 공동체'가 되는 과정이 꼭 필요하다고 생각했다.

나는 남편을 설득하기 위해 내가 실제로 돈을 어떻게 관리하는지, 그리고 나의 관리 방법으로 얼마만큼의 돈을 불리고 있는지를 기록한 엑셀 파일을 보여주었다. 그러자 남편은 크게 놀라면서 나의 제안을 받아들였다. 그렇게 결혼 후 반년 뒤 우리는 '통장 결혼식'도 무사히 마쳤다. 지금은 오히려 남편이 내가 돈 관리하는 것을 무척 좋아한다. 벌어들이는 수입이 늘어남에 따라 세금 문제를 비롯해서 처리해야 할 이슈들이 많은데, 이 부분에 대한 감각이 내가 더 좋은 편이라 나를 믿고 맡기는 게 더 효율적이라는 사실을 깨달았기 때문이다.

내 경험에 따르면 '통장 결혼식'을 했을 때 좋은 점은 굉장히 많은데, 큰 틀에서 4가지로 요약된다. 우선, 가계 전체의 소득과 지출을 파악하기가 좋다. 부부가 따로따로 돈 관리를 하게 되면 우리 집에 매달 고정적으로 들어오는 소득은 얼마이고, 전체적으로 나가는 지출은 얼마인지를 한눈에 조망하기가 힘들다. 그렇게 되면 내가 모르게 이루어지는 파트너의 지출 통제가 어려울 뿐만 아니라, 전체적인 수입의 규모를 알 수 없기 때문에 목돈을 모으기 위한 계획 세우기도 어렵다. 따라서 돈을 모으는 속도가 확실히 더디다. 두 번째로 좋은 점은 앞에서 이야기한 장점에 딸려오는 부수적인 효과인데, 가계 전체의 소득과 지출이 한눈에 파악이 되니 향후 투자 계획이나 자금 활용 계획을 세우기가 굉장히 수월해진다.

세 번째 좋은 점은 돈에 대한 '공동의 주인 의식'이 생긴다는 점이다. 만일 부부가 생활비를 각출해서 내고 그 외의 돈으로는 자신을 위한 소비에 쓴다거나 개별적으로 돈을 모으다 보면 '우리 돈'이라는 개념이 생기기가 어렵다. 즉, 내 돈은 내 돈이고, 네 돈은 네 돈이 되는 것이다. 하지만 통장 결혼식으로 가계경제를 하나로 통합하면, 부부가 서로 벌어들이는 돈은 내 돈 네 돈 할 것 없이 '우리 돈'이 된다. 그렇게 가계 수입에 대한 공동의 주인 의식이 생기면 더 적극적으로 지출 통제를 하고 절약을 습관화하게 된다. 그렇게 되면 좀 더 빨리 자신이 원하는 부를 달성할 가능성이 높아진다. 이런 이유들로 인해 나는 결혼을 계획한 동생들이나 후배들이 결혼 생활에 대해 조언을 구해오면 꼭 '통장 결혼식'을 하라고 말한다.

하지만 꼭 경제적인 이유에서만 통장 결혼식을 추천하는 것은 아니다. 통장 결혼식의 가장 중요한 포인트는 부부간의 '소통'이다. 내가 지금의 남편과 결혼을 결심하기 전, 이 사람과의 연애를 더 지속할지 말지 고민했던 이유는 바로 나의 곤궁했던 경제적 사정 때문이었다. 그런데 이 부분에 대해 터놓고 이야기를 하고, 그것에 대해 파트너가 포용을 해주자 그간의 고민이 눈 녹듯 사라지고 이 사람을 믿고 평생을 함께해도 되겠다는 확신이 생겼다. 나는 통장 결혼식도 이와 같은 맥락이라고 생각한다. 서로의 경제적인 부분에 대해 툭 터놓고 오픈을 하고, 그때의 재무 상태를 바탕으로 부부가 앞으로 더욱 잘살려면 어떻게 해야 할지 궁리를 해야 한다. 즉, 통장 결혼식을 통해 경제공동체로서의 두 부부가 투명하게 소통할 수 있는 계기를 삼아야 한다.

☆ 돈에는 밀도가 있다

What gives money its value?

내가 유튜브 채널 〈행복부자 샤이니〉를 오픈한 것은 지금으로부터 약 7년 전인 2016년 봄이다. 그리고 유튜브 수익금을 처음으로 정산 받은 것은 그로부터 3년 뒤인 2019년이었다. 유튜브 채널을 개설하고 광고 수익을 정산받기 위해서는 구독자 수 1,000명, 총 시청 시간 4,000시간이라는 최소 기준을 달성해야 한다. 이 기준에 따르면 나는 2019년도 훨씬 이전에 유튜브 수익금을 정산 받을 수 있었다. 하지만 나는 서둘러 정산받지 않았다. 내가 유튜브 채널을 개설한 목적은 수익 창출 때문이라기보다 영어 이외의 다른 주제로 나의 이야기를 팬들에게 들려주기 위함이었기 때문에 정산용 계좌를 따로 등록해두지 않았다. '급할 게 없으니 나중에 천천히

받지, 뭐' 하는 마음이었다.

　그런데 주위의 가까운 유튜버 분들과 교류하면서 알게 된 사실이 하나 있었다. 꼭 수익 창출이 목적이 아니어도 유튜브 채널을 통해 얻은 수익이 입금되었다는 것 자체를 굉장히 큰 의미로 생각한다는 사실이었다. 그 말을 듣고 나니 그동안 가져왔던 생각이 이내 바뀌었다. '그래, 내 돈을 다른 집에 너무 오래 맡겨 놓는 것도 돈에 대한 예의가 아니다.' 이후 정산을 위한 일련의 절차를 거치고 외화 통장에 그동안의 수익금이 입금되었다. 3년간 〈행복부자 샤이니〉를 운영하여 거둬들인 수익금은 총 643.54달러. 당시 환율로 따지면 우리나라 돈으로 약 70만 원 정도 되는 돈이었다.

　남편은 내 유튜브 수익금을 듣고 이렇게 말했다. "재영아, 그동안 유튜브 운영하면서 쓴 돈을 생각하면 너무 적은 돈이다. 고작 70만 원이라니." 남편 말도 틀린 구석은 없었다. 왜냐하면 유튜브를 개설하고 약 2년간은 내가 직접 편집을 할 줄 몰라서 외주 편집자에게 돈을 주고 맡겼기 때문이다. 들인 돈을 생각하면 사실 적자인 셈이었다. '고작 70만 원'이라고 말한 사람은 남편뿐만이 아니었다. 나에게 유튜브 채널 개설을 제안했던 지인을 비롯해 대부분의 사람은 내 수익금을 듣고 모두 생각보다 금액이 적다며 놀랐다. 하지만 내 생각은 달랐다. 이 돈은 '고작 70만 원'이 아니기 때문이다.

　나는 돈의 가치를 판단할 때 '액면가'로만 판단하면 안 된다고 생각한다. 돈에는 각자 다른 밀도가 있기 때문이다. 내가 얻은 유튜브 수익금은 객관적인 기준에서는 큰돈이 아니다. 나의 현재 수입을 생각하면 정말 턱없이 작은 돈이다. 하지만 이 돈의 밀도는 굉장히 높다. 굉장히 단단하고 옹골진 돈이라고 할 수 있다. 이전에는 모든 대중이 나를 '영어강사 샤이니'라고만 인식했다. 하지만 유튜브를 통해, 영어 이외에도 나눌 것이 많은 함께 하고 싶은 언니, 동생, 친구 샤이니로 인식하는 사람들도 덩달아 많아졌다. 나에게는 엄청난 영역의 확장이다. 또한 내가 어울리고 교류하는 사람들도 이전엔 영어 강사들 위주였다면, '행복부자 샤이니'라는 이름으로 유튜브를 시작하고 나서는 각종 경제 분야 전문가, 사업가, 예술가 등 이전과 비교할 수 없을 정도로 폭넓어졌다. 그리고 초반에는 편집을 외주로 내보냈지만 이후에는 내가 직접 편집을 해보고 싶은 마음에 시간을 많이 들이지 않고 간단하고 효율적으로 편집하는 법을 배웠다. 즉, 나는 유튜브를 운영하는 동안 단순히 수익금 액수로는 환산할 수 없을 만큼의 가치를 얻었던 것이다. 그런 관점에서 본다면 나는 70만 원+α를 얻은 셈이다.

이와는 반대로 내가 외주 편집자에게 드린 작업비 수백만 원은 당시 내 기준에서 그리 큰돈이 아니었다. 그 무렵 나는 강사로서의 수입을 비롯해 그 밖의 수익으로 한 달에 7천만 원 정도를 벌고 있었다. 즉, 몇 백만 원의 편집 비용은 내 기준에서 밀도가 낮은 돈이었다. 물론 밀도가 낮다고 해서 소중하지 않은 돈이라는 의미는 아니다. 다만 외주 편집 비용은 내가 영어 강사로서 벌어들이는 금액으로도 충분히 쓸 수 있는 돈이었다는 이야기다.

그렇다면 우리는 왜 돈의 액면가 대신 돈의 밀도를 생각해야 할까? 이는 돈을 대하는 '태도'와 직결되기 때문이다. 액면가만 생각하고 돈을 대한다면, 우리는 작은 돈을 하찮게 보게 된다. 가령, 액수가 적은 돈을 벌어다주는 일은 하찮고 중요하지 않은 일이라고 여기고 대충하게 만든다. 돈을 쓸 때도 마찬가지다. 푼돈이 귀한 줄 모르고 쉽게 써버리는 것이 습관이 된다. 이런 말을 들어본 적이 있을 것이다. "돈도 자기를 아껴주고 좋아해 주는 사람에게 더 따라간다." 원래 푼돈을 쉽게 생각하는 사람은 그 돈을 막 쓰는 일이 한두 번만 있지 않다. 생활 속에서 자잘한 푼돈 낭비가 습관적이다. 가령, 충분히 걸어가도 될 만한 거리인데 택시를 탄다거나 충분히 배가 불러도 입이 심심하다는 이유만으로 간식을 사 먹는다거나 하는 식이다. 하지만 액면가는 적을지언정 그 돈을 벌기 위해 내가 들인 노력을 생각하면 쌈짓돈도 쉽게 허비하기 어렵다.

또한 절대액수는 적다고 할지라도 그 돈을 버는 동안 내가 얻게 될 무형의 자산을 떠올린다면 나에게 주어진 모든 일들에 성심과 성의를 다하게 된다. 그리고 이런 태도는 이후에 더 많은 돈을 벌 수 있는 기회로 연결된다. 내가 새내기 EBS 강사 시절, 주급 25만 원, 월급 100만 원을 받는 것에 실망하고 '받은 만큼만 일하자' 하는 마음으로 대충 일했다면 지금의 샤이니는 존재할 수 있었을까? 나는 결코 불가능했을 것이라고 생각한다. 내가 유튜브 수익금 정산 금액에 실망하고 유튜브 운영을 중단했다면 지금의 구독자 분들을 만날 수 있었을까? 이 역시 불가능했을 것이다.

당신이 버는 돈의 밀도는 어떠한가? 나의 애정과 즐거움, 더 나아가 앞으로의 발전 가능성까지 품고 있는 밀도 높은 돈인지, 아니면 단순한 액면가만을 맞춘 낮은 밀도의 돈인지 생각해보자.

내 몸값을 제대로 계산하는 법

How to evaluate your performance

당신은 월급이나 연봉을 계산할 때 어떤 셈법을 사용하는가? 어떤 일을 하는지, 어떤 계약 조건으로 일하는지에 따라 다르지만 보통은 내가 일하는 시간에 시간당 급여를 곱해서 셈할 것이다. 가령, 나의 시급이 1만 원이라고 치자. 만일 내가 하루에 8시간을 일한다면 나는 하루에 8만 원을 번다. 여기에 주당 평일 5일을 근무한다면 총 20일을 곱해서 한 달간 내가 버는 노동소득은 총 160만 원이 된다. 그런데 이 돈으로 월세, 생활비, 용돈 등으로 쓰기에 많이 모자란 감이 있다면, 나는 나의 시간을 더 투입해서 소득을 발생시켜야 한다. 가령, 퇴근 후 사이드잡을 하며 추가 소득을 얻을 수도 있을 것이다.

EBS 강사로 일했던 초창기에 내가 돈을 버는 방식도 이와 다르지 않았다. 강사의 계약 조건도 케이스 바이 케이스이긴 하지만, 대다수의 경우 '강의 하나당 얼마' 하는 식으로 강의료를 받는다. 예를 들어 3시간 동안 스튜디오에서 촬영을 해서 총 5강을 찍는 스케줄이 잡혀 있다면, 강의 하나당 내가 받기로 계약한 금액에 5를 곱해서 그날의 강의료를 산정하는 식이다. 당시에 나는 '돈을 더 벌고 싶다면 촬영하는 강의의 개수를 늘려야겠다'라고 곧잘 생각하곤 했다. 그러던 어느 날, 문득 이런 생각이 머릿속을 스치고 지나갔다. '지금 상태에서는 내가 돈을 더 벌고 싶다면 내 시간을 투입하는 수밖에 없는데, 그러면 나는 평생 죽을 때까지 일을 하는 수밖에 없구나!'

물론 들이는 시간 대비 자신이 받을 수 있는 금액, 즉 자신의 '몸값'을 올리면 이런 우려가 얼마간 줄어들 수도 있다. 하지만 그런 경우에도 내가 내 몸을 움직여서 무언가를 해야 한다는 사실에는 변함이 없다. 아무것도 손에 쥔 것이 없던 젊은 시절에는 이런 식으로 나의 커리어를 쌓아가며 일에 몰두하는 즐거움도 분명 있긴 했다. 하지만 시선을 더 멀리 두고 내가 중년 이상의 나이가 되었을 때에도 오로지 노동소득에만 의지하며 살 생각을 하니 너무 막막하겠다는 생각이 들었다. 날이 갈수록 꺾이는 신체 능력 등을 고려하면 지금까지와는 다른 계산법이 필요했다.

내가 생각해낸 방법은 같은 시간을 들여서 콘텐츠를 만들지라도, 그 콘텐츠를 보는 사람이 늘어날 수 있도록 나만의 부가가치를 담는 것이었다. 즉, '시간의 양'을 늘리는 것이 아니라 내가 해내는 일의 퀄리티를 높여서 이것을 소비하는 '사람들의 수를 늘리는 것'이었다. 특히 강사들의 경우에는 강의당 조회 수, 완강률 등도 매우 중요한 수치인데, 이 부분에서 좋은 수치가 나온다면 인기 강사로 여겨져서 자연스럽게 몸값이 높아지고 업계에서 대우가 좋아진다. 내 경우에도 10년 전 월 100만 원에서 월 7천만 원으로 월수입이 높아졌던 이유도 나만의 오리지널리티가 있는 강의를 함으로써 나의 강의를 들었던 타깃 학습자에게 좋은 반응을 얻었기 때문이었다.

돈을 벌 때 내가 들이는 시간만 셈하는 사람은 커다란 부를 일구기 어렵다. 자칫 '시간만 때우면 되지'라고 생각하기 쉽다. 이런 생각을 뛰어넘어서 내가 하는 일로 기존에 없던 부가가치를 생산해낸다는 관점에서 일을 한다면 그 사람은 부자가 될 확률이 아주 높다. 이때 아주 중요한 개념이 '원 소스, 멀티 유즈One-source, Multi-use'이다. 처음엔 하나로 시작한 나의 작품이 여러 플랫폼이나 채널을 통해 재가공 되면서 그 작품을 소비하는 사람의 수를 늘려나가는 전략이다. 하나의 웹툰을 잘 만들어 1차적으로는 웹툰 자체의 구독자로부터 수익을 올리고, 이후에는 그 웹툰을 활용한 드라마나 영화 등이 탄생하면서 2차, 3차 소비자가 생기도록 하는 것이다.

예시를 웹툰으로 들었을 뿐, 지금 당신 주변에는 이런 류의 부가 가치를 높일 대상이 무수히 많다. 당신의 몸값을 당신의 시간에 비례해 높이려 하지 마라. 잠자는 동안에도 돈이 입금되는 마법을 작게나마 빠른 시일에 만들어 보길 바란다.

☆ ☆ ☆
100%의 실행 가능성을 향해

No way back

나는 아무리 바빠도 절대 거르지 않고 하는 일이 있다. 바로 새로운 달이 시작될 때마다 '이번 달에 내가 꼭 지켰으면 하는 것'이 무엇인지 정리하고 그것을 지키기 위해 실행해야 하는 작은 목표들을 세우는 일이다. 이렇게 매달 1일, 나는 한 장짜리 '월 계획표 종이'를 만드는 루틴을 수년째 이어오고 있는 중이다. 계획을 세우는 단위는 하루 단위일 수도, 일주일 단위일 수도, 1년 단위일 수도 있는데 그중에서 내가 큰 틀에서 한 달 단위로 계획을 세우는 이유는 이렇다. 바로 '실행 가능성' 때문이다.

우리 모두에게는 저마다의 꿈이 있을 것이다. '나는 올해 다이어트에 꼭 성공할 거야!', '나는 올해 꼭 1천만 원을 모아서 투자 종자돈으로 쓸래', '나는 몇 년 뒤에 내 이름을 내건 회사를 만들 거야…….' 이 꿈들을 현실로 만들기 위해서 우리는 '행동'을 해야 한다. 국제적인 스포츠 브랜드 나이키의 슬로건처럼 'Just do it(저스트 두 잇)' 해야 하는 것이다. 하지만 생각을 행동으로 옮기는 것만큼 어려운 일도 없다. 서점 매대에 놓인 수많은 자기계발서들은 실행의 어려움을 이야기해주는 반증이다.

나 역시 '월 계획표 루틴'을 이어가기 전까지는 늘 새해가 밝으면 새로 산 다이어리를 펼쳐놓고 한 해의 계획을 세우곤 했다. 하지만 연말쯤 다시 살펴보면, 연초에 적은 목표들의 태반이 몇 번의 시도 끝에 흐지부지되곤 했다. 내가 목표로 세웠던 일들은 주로 건강, 돈, 커리어, 마음 수련 및 여가생활 등과 관련된 것들이었는데 이 중 돈과 커리어의 경우는 20대 시절부터 워낙 꼼꼼히 잘 관리해오던 관성이 있어서 그럭저럭 목표를 달성했다. 하지만 건강이나 여가 생활 등은 늘 삶의 우선순위에서 밀리곤 했다. 재테크 등 투자와 관련한 책들을 많이 읽는 것, 유튜브 콘텐츠를 정기적으로 올리는 것 등도 신경 써서 잘하고 싶었던 부분들이었는데, 눈앞의 바쁜 일들 때문에 소홀히 할 때가 생기곤 했다.

이렇게 연초에 세운 계획들이 연말까지 잘 이어지지 않는 일이 반복되자 나는 문제의식을 느끼게 되었다. 그리고 그 이유에 대해 곰곰 생각해봤다. 그러자 문제의 원인이 눈에 들어왔다. 새해에 우리가 세우는 계획은 '1년 단위의 장기 계획'이다 보니 실행을 하는 데에 기간이 너무 길었다. 물론 커다란 목표를 세우기 위해서는 오랜 기간이 필요하다. 하지만 시간이 너무 많이 주어졌을 때의 맹점이 있다. 바로 '천천히 해도 되겠다'는 마음이 생긴다는 것이다. '오늘 못했으니 내일 하지', '이번 달에 못했으면 다음 달에 하지' 하는, 미뤄도 괜찮겠다는 안일한 마음이 생긴다. 내가 연 단위에서 월 단위로 계획을 세우는 시간 단위를 줄인 이유다.

나의 월 계획표는 엄청난 형식을 갖추고 있는 것은 아니다. 중요한 것은 형식이 아니라 실행하고자 하는 내용과 실천하는 그 자체이기 때문이다. 월 계획표는 실천 의지를 북돋워주고, 무엇을 해야 할지 잊지 않도록 상기시켜주는 도구라고 생각하면 계획표를 채워나가기가 훨씬 수월하다. (월 계획표는 인터넷에 '한 달 계획표'라고 검색을 하면 쉽게 구할 수 있다. 취향에 맞는 계획표를 선택해보자.) 나는 월 계획표도 일 단위로 쪼개서 매일매일 해야 하는 루틴들을 적어놓는다. 그리고 그것을 했는지, 하지 못했는지 체크하는 칸도 마련해서 나와 한 약속을 지켰는지 여부를 늘 확인한다. 이런 확인 과정을 거치는 것만으로도 미루려는 마음을 붙잡을 수 있다.

주노헤어의 창립자 강윤선 대표님의 강연을 들을 기회가 있었다. 그 강의에서 정말 인상적이고 기억에 남는 말 중 하나가 '목표는 나눗셈'이라는 말이었다. 이 말에 격하게 동의한다. 나는 이 말을 2가지 방향으로 해석한다. 하나는 '아무리 커다란 목표도 작게 나누면 이루지 못할 일이 없다'는 의미로 받아들였다. 만일 투자 종자돈을 모으기 위해 1년 동안 1천만 원을 모으기로 결심했다고 치자. 당장에 1천만 원을 마련하기란 쉬운 일이 아니다. 하지만 이 돈을 열두 달로 나누면 한 달에 약 84만 원의 돈을 저축하면 된다. 보통의 사람들이라면 '어휴, 한 달에 84만 원이나 적금을 부어야겠네. 월급에서 이만큼을 뚝 떼어낸 다음에 남은 돈으로 생활하려면 정말 빠듯하겠다'라고 생각할 것이다. 여기서 더 생각이 뻗어나가면 '1천만 원을 모으는 기간을 2년으로 늘리고, 적금 액수를 반으로 줄이는 게 나을까?' 하며 계획을 조정할 수도 있다.

하지만 나는 여기서 시간을 더 잘게 쪼갤 것이다. 즉, '한 달에 84만 원을 모으려면 일주일에 약 21만 원을 모아야 하고, 일주일에 21만 원을 모으려면 하루에 3만 원 정도의 돈을 저축해야 해'라고 말이다. 이런 계산법을 적용하면 나도 모르게 디저트 값, 커피 값 등으로 하루에 3, 4만 원씩 흘려보내던 무의식적인 지출도 바로잡을 수 있을 뿐만 아니라 더욱 계획적인 소비가 가능해진다. '아차, 오늘 3만 원 모으기로 했지!' 하며 내가 세운 작은 목표 덕분에 무의식적으로 해버릴 뻔한, 기분에 의해 저지를 뻔한 지출이 통제가 되는 것이다.

나머지 하나는 '목표는 나눗셈'이란 말을 '작은 성공이 쌓이면 큰 목표를 이룰 수 있다'라고도 해석한다. 앞서도 이야기했지만 커다란 목표는 단박에 이루기 어렵다. 하루 반짝 러닝을 한다고 해서 다음 날 바로 마라톤 대회에 나갈 수 없는 이치와 같다. 하지만 달성하고자 하는 목표를 위해 내가 해야 하는 일들을 촘촘하고 잘게 나누면 해당 과업을 부담감 없이 차근차근 해나갈 수 있다. 만일 러닝 초보자인데 하프 마라톤 출전을 올해의 목표로 삼았다면, 오늘은 20분, 내일은 25분, 내일모레는 30분을 뛰는 식으로 점진적으로 단계를 밟아가며 내가 소화 가능한 범위를 늘려가는 것이다. 단번에 20여 킬로미터를 뛰기는 버겁지만, 오늘 밤에 나가 20분 뛰고 오는 일은 그에 비하면 가뿐한 과제가 아닌가. 이런 경험들이 매일, 매주, 매월 단위로 쌓여나가면 러닝 초보였던 사람도 하프 마라톤 완주에 성공할 수 있다.

이렇게 내가 이루고 싶은 목표를 쪼개고 또 쪼개서, 오늘 내가 당장 할 수 있는 일이 무엇인지 구체화시키고, 그것을 최선을 다해 지킨다면, 분명 1년 후 당신의 오늘은 1년 전 당신의 오늘과 충격적으로 달라져 있을 것이다.

⭐ 시간은 절대적으로 상대적이다

Time is absolutely relative

당신은 부자를 어떻게 정의하는가? 돈이 많으면 부자일까? 나는 조금 다르게 생각한다. 나는 진정한 부자는 '시간 부자'라고 생각한다. 몇 해 전부터 '파이어족'이 직장인들의 큰 화두였다. 파이어족은 'Financial Independence, Retire Early(경제적으로 자립하여 조기 은퇴한다)'의 첫 글자를 딴 신조어로 영단어 뜻 그대로 '경제적 자립'을 하여 '조기 은퇴'한 사람들을 뜻하는 말이다. 그렇다면 파이어족들이 경제적 자립을 해서 조기에 은퇴하려는 이유는 무엇일까? 경제적 자유를 얻은 파이어족들의 인터뷰 기사나 설문 조사 결과를 보면 대부분의 파이어족들은 '시간의 자유를 누리기 위해' 경제적 자유를 얻으려고 했다고 대답했다. 돈은 파이어족의 최종 목적이 아니라 더 많은 자유, 더 많은 시간을 위한 수단인 셈이다. 내가 진짜 부자는 시간 부자라고 생각하는 이유다.

그리고 흥미롭게도 시간을 잘 운용하는 사람은 부자가 되기가 쉽다. 요컨대 시간 관리를 잘할 줄 알면 → 남들보다 부를 쌓을 수 있는 기회가 많아지고 → 궁극적으로 시간 부자가 될 수 있다. 생각해보면 이 세상에서 시간만큼 인간에게 공평하게 주어지는 자원은 없다. 부자나 가난한 사람이나 모두에게 하루는 24시간이다. 하지만 생각을 한 번 더 비틀면 또 다른 세상이 보인다. 부자는 돈으로 타인의 시간을 살 수 있다. 앞에서 이야기한 것과 같은 결론이다. 돈은 더 많은 자유, 더 많은 시간을 위한 수단이다. 자, 그렇다면 시간을 잘 운용해서 돈을 불리고, 그 돈으로 시간을 사서 궁극적으로 인생에서 자유를 누릴 수 있는 방법은 무엇일까?

내가 시간을 관리할 때 늘 염두에 두는 3가지 문장이 있다. 하나는 '시간이 없으면 만들자If you don't have time, make time' 이다. 내가 싫어하는 말 중 하나는 '시간이 없어서 못했다(혹은 못한다)'는 말이다. EBS 영어 강사가 되고 나서 한동안 정말 쉴 틈 없이 일만 하던 시절이 있었다. 그때는 '샤이니'라는 브랜드에 대한 수요가 한참 늘어나던 시기였는데, 초등 영어, 중등 영어, 수능 영어, 일반 성인 영어 회화까지 정말 연령대를 구분하지 않고 제안이 오는 강의는 모두 수락하고 촬영을 했었다. 그런데 그중에서 중학 영어 강의는 어느 한 회사에 전속으로 계약이 묶여 있었다. 이는 곧, 내가 상황을 봐가며 촬영을 할지 말지를 정할 수 없다는 말이었다. 내 전속 계약의 경우, 1년에 약 20분짜리 강의를 최소 550강을 촬영하는 조건이었다. 중학 강의 하나만 봐도 이 정도의 분량이니, EBS와 초등 및 성인 회화 등 다른 촬영까지 합하면 어마어마한 촬영 스케줄의 연속이었다.

어느날 중학 강의를 전속으로 계약한 회사에서 1박 2일로 워크숍을 가기로 했다. 모이기로 한 장소는 오전 10시 종로였다. 종로는 워크숍하는 회사의 강의 촬영을 하는 곳이기도 했다. 당시 나는 역삼동 신혼집에서 살고 있었는데, 강남에서 강북으로 대중교통을 이용해 이동하는 데에는 못해도 50분이 걸렸다. 그때 머릿속에 번뜩이는 아이디어가 떠올랐다. 조금 더 일찍 종로로 건너가서 몇 강이라도 촬영 후 워크숍을 가면 이동 시간으로 허비하는 50분의 시간도 아끼고, 미리 촬영분을 비축해둘 수 있겠다는 생각을 했다. 나는 바로 강의를 촬영하는 아르바이트생에게 전화를 했다. 평소 친하게 지냈기에 내 설명을 들은 아르바이트생은 "쌤! 어떻게 이런 생각을 하셨어요? 완전 일석이조인데요?"라며 감탄했다. 이 방법은 강의를 촬영해주는 아르바이트생에게도 메리트가 있었기 때문이다. 당시 아르바이트생은 한 강의당 1만 원씩을 회사로부터 받았다. 즉, 강사가 시간 대비 강의를 많이 찍어줄수록 아르바이트생도 급여를 더 많이 받을 수 있었다. 보통 강사들은 5시간 촬영시간을 잡으면 평균적으로 4~5개의 강의를 완성했다. 나는 오전 이른 시간이긴 하지만 아침 7시부터 9시 40분까지 2시간 40분 동안 총 5강을 찍을 예정이었으니, 시간은 줄이고 작업비는 더 받을 수 있었다.

워크숍을 가기로 한 날, 강의를 위해 풀메이크업을 하고 옷도 잘 차려입은 후 아침 7시까지 종로의 촬영장으로 건너갔다. 1층의 경비아저씨가 일찍 촬영하러 나를 보고 깜짝 놀랐다. "아니, 스튜디오 10시부터 문 여는 거 아니었어요? 오늘 왜 이리 일찍 나왔어요?" 나는 웃으며 사정을 말씀드리고 스튜디오 문을 열어달라고 부탁을 드렸다. 5강의 촬영을 마치고 약속된 시간에 워크숍 참석을 위해 약속 장소로 갔다. 이런 내 모습을 보고 다른 동료 강사 선생님이 정말 대단하고 독하다며 놀라움을 표했다. 당시엔 이런 식으로 시간을 쪼개고 아끼며 살았다. 이런 시간 관리가 가능했던 것은 대학생 시절부터 적게는 5개, 많게는 10개가 넘는 과외를 하며 하루 24시간을 48시간처럼 사용하는 노하우를 터득했기 때문이다. 젊은 시절의 나는 비록 가난했지만, 이미 남들보다 2배의 시간을 벌며 살았던 셈이다

내가 시간 관리를 할 때 염두에 두는 두 번째 문장은 '죽은 시간을 최소화하라Minimize dead time'이다. 여기서 죽은 시간은 전혀 생산

적이지 않은 시간을 뜻한다. 예를 들어 내게는 단순 이동만을 위해 운전하는 시간이 죽은 시간이다. (오해하지 마시길. 나는 음악과 자연을 벗 삼은 드라이브는 무척 좋아한다.) 특히 러시아워에 도로 위에서 보내는 시간이 그렇다. 그래서 나는 9시에 업무가 있으면 7시에 나서지 않고 그보다 1시간 일찍 집을 나선다. 그러면 2시간 걸려서 도착할 거리를 40~50분이면 도착한다. 즉, 7시 정도면 수업 장소에 도착하는 것이다. 일찍 도착하여 그곳에서 책을 읽거나 해야 할 일을 한다. 1시간 일찍 집을 나섬으로 인해 이미 나는 2시간을 절약한 셈이다.

그렇다고 꼭 이 시간에 공부를 하거나 지식을 쌓는 일만 하는 것은 아니다. 때로는 아무것도 하지 않는 것 자체가 무언가를 하는 만큼의 시너지를 주기도 한다. 가만히 앉아서 따뜻한 음료를 마시며 의식적이고 적극적으로 휴식을 취하는 것이다. 이 역시 큰 틀에서는 생산적인 시간이라고 할 수 있다. 제대로 잘 쉬면 생산성과 일의 효율이 높아지기 때문이다. 이와는 반대로 무언가를 하긴 하지만 전혀 생산적이지 않은 죽은 시간도 있다. 가령 알고리즘의 흐름이 이끄는 대로 유튜브 보기, 특별한 목적 없이 SNS나 포털의 뉴스 보기 등이 그렇다. 이런 일들은 시간을 굉장히 잡아먹는데, 막상 그렇게 시간을 흘려보내고 나면 내 머릿속에 남는 것이 하나도 없다. 그렇다고 푹 잘 쉰 느낌을 주는 것도 아니다. 이처럼 계획 없는 스크린 타임은 내 소중한 시간의 생명을 갉아먹는다. 영어 표현 그대로 '킬링 타임killing time'이다.

내가 시간 관리를 할 때 염두에 두는 세 번째 문장은 '시간은 절대적으로 상대적이다Time is absolutely relative'.라는 말이다. 이 말은 내가 고등학교 시절 목욕탕 아르바이트, 과외 아르바이트를 하며 다른 친구들과 비교했을 때 공부시간이 적은 것을 두려워하기 싫어 계속해서 되뇌었던 말이다. 절대적인데 상대적이라는 표현이 모순 같지만, 이 말처럼 시간의 속성을 꿰뚫은 표현도 없다. 누구에게나 시간은 절대적으로 24시간이다. 하지만 어떻게 사용하느냐에 따라 24시간은 12시간일 수도, 48시간이 될 수도 있다. 즉, 지극히 상대적인 자원이다. 실제 양자물리학에선 시간이 모두에게 24시간으로 동일한 것이 아니라는 이론이 있다. 지금도 그렇지만 내 생애 가장 시간을 절대적이면서 상대적으로 썼던 시절은 미국 교환학생 시절과 EBS 강사가 된 직후다. 그때는 월 100만 원을 벌던 시절이었는데, 돈을 더 벌어야 해서 동부이촌동의 영어유치원에서 원어민 강사 일도 병행했다. 당시 내 하루일과는 이랬다.

오전 9시~오후 3시: 영어 유치원 원어민 선생님 업무

오후 3시~오후 6시: EBS 프로그램 촬영

오후 6시~오후 6시 40분: 고려대학교 안암동 캠퍼스로 이동

오후 6시 40분~밤 9시 20분: 교육대학원 수업

밤 9시 20분~밤 10시: 당시 남자친구(현재 남편)과 늦은 저녁 식사

밤 10시 30분~자정 12시: 영어 과외

자정 12시~2시: 집으로 돌아온 뒤, 대학원 과제 및 EBS 촬영 준비, 영어 과외 준비

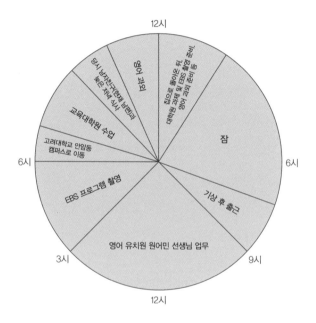

많이 자야 6시간, 할 일이 너무 많으면 3~4시간을 겨우 자던 때였다. 생각해보면 당시에 저런 스케줄이 가능했던 것은 지금보다 체력이 더 좋았던 이유도 있겠지만, 달성하고 싶었던 목표가 분명

했고, 그것에 맞춰 내 시간을 빈틈없이 관리하고자 했던 집중력과 근성이 있었기 때문이 아닌가 싶다. 무엇보다 그 과정에서 내가 성장하고 발전해나가는 감각이 너무 흔쾌하고 좋았다. 시간이라는 강물 위에 누워 그 강물이 흐르는 대로 흘러가는 것이 아니라, 내가 내 인생의 주인이 되어 시간의 양과 시간의 속도를 자유자재로 조절하는 감각이 정말 짜릿했다. 이런 감각을 인생에서 한 번이라도 느껴본 사람은 어떠한 일이 닥쳐도 헤쳐 나갈 수 있다는 자신감을 갖게 된다. 시간을 경영할 줄 알게 되면 내가 내 인생의 주인으로 산다는 감각을 얻게 된다. 그 감각을 지닌 사람이 진짜 부자다.

☆⭐☆

누구나 자신만의 콘텐츠가 있다

Everyone has their own story

앞에서 '돈의 밀도'를 이야기하면서 액면가와는 다른 내재적 가치를 발견하자고 말했다. 그런데 '밀도 있는 돈'은 또 다른 특징이 있다. 바로 단발적인 수입에 그치지 않고 끊임없이 현금 흐름을 창출한다. 물이 꾸준히 흐르는 파이프라인과 같은 셈이다. 그렇다면 물이 꾸준히 흐르는 파이프라인은 어떻게 만들 수 있을까? 내가 가장 추천하는 방법은 '자기만의 콘텐츠를 만드는 것'이다.

이쯤에서 우리의 하루 일과를 떠올려보자. 아침에 일어나 외출 준비를 하며 스마트폰을 열어 '날씨 앱'을 열어 오늘의 날씨를 확인한다. 집 밖으로 나서서 이동하면서는 좋아하는 '팟캐스트'를 듣거나 '유튜브'를 시청한다. 메일함을 열어 보면 한두 개 정도씩은 구독 중인 '뉴스레터'가 도착해 있을지도 모른다. 하루 일과를 마친 뒤에는 '종이책'을 읽거나 아니면 스마트폰으로 침대에 누워 '전자책'을 읽다가 조금 지루해졌다 싶으면 다른 사람들의 '인스타그램' 등을 살펴보다가 잠이 들 것이다. 이처럼 우리는 하루 종일 다양한 '콘텐츠'에 둘러싸인 채 생활한다.

그런데 가만히 생각해보자. 이렇게 무수한 콘텐츠는 누가 만드는 것일까? 나는 그 많은 콘텐츠들을 그저 소비하는 사람에 머물러 있지는 않은가? 콘텐츠를 생산하는 사람은 그것을 소비하는 사람의 시간을 얻는 동시에 그 시간이 누적되면 꾸준한 돈을 벌 수 있게 된다. 우리가 흔히 이야기하는 저작권료가 바로 그것이다. 앞서도 이야기했지만 나는 주로 노동소득을 통해 목돈을 만들고 자산을 확장시켜왔다. 그랬던 내가 콘텐츠의 생산과 구축을 통해 지속적인 수입을 창출하며 콘텐츠의 힘을 크게 경험한 바가 있다. 바로 '샤샤 영어'를 진행하면서다.

사실 '샤샤 영어'는 돈을 벌기 위해 시작한 프로젝트는 아니었다. 영어 강사로 오랫동안 일을 해왔지만 뒤늦게 알게 된 놀라운 사실이 있었다. 나는 완강률이 최고로 높은 강사에 속하는 편인데도 그 퍼센티지가 20% 정도였던 것이다. 아무리 생각해도 이상해서 언젠가는 한번 인강 회사 매니저에게 완강률을 둘러싼 정확한 수치를 여쭤봤다. 그랬더니 담당자가 전하는 말이 충격적이었다. 보통 인강의 경우 비싼 돈을 들여 결제까지 해놓고 완강률이 평균 5% 정도이며, 강의를 하나도 안 듣는 사람이 무려 10%대라는 것이다. "샤이니 선생님 강의는 완강률이 진짜 예술인 셈이죠" 매니저는 허허 웃으며 말했지만 나는 이 말을 듣고 나도 모르게 순간적으로 무척 화가 났다. 돈이 없어서 문제집 한 권도 제대로 사지 못해 친구 문제집을 빌려다가 연필로 풀고는 지우개로 지운 다음 다시 되돌려주곤 했던 학창 시절이 떠올랐기 때문이다. 더욱 안타깝고 화가 났던 부분은 교육 회사들이 이런 수강생들에 대해서 별다른 조치를 취하진 않는다는 점이었다. 사실 결제는 이미 마쳤으니 회사 입장에서는 아무것도 안 해도 손해 볼 것이 없었다. 내가 이 이야기를 들은 것은 2019년 연말 무렵이었다.

나는 며칠간 이 문제의 원인을 깊이 생각했다. 이상하게도 그냥 넘어가지지가 않았다. 그렇게 숙고한 끝에 어느 날 내 안에서 '유레카!' 하는 소리가 울려 퍼졌다. 이유는 생각보다 간단했다. 'Anytime means never.' 인터넷 강의의 장점은 수강권만 사면 내가 듣고 싶을 때 언제나 들을 수 있다는 점이다. 그런데 이런 장점이 게으름이라는 인간의 본성과 맞물리면 최악의 단점으로 전락하고 만다. 언제고 들을 수 있으니 언젠가는 듣겠지 하다가 하나도 안 듣는 사태로 이어지는 것이다. 나는 사람들이 거금을 들여놓고도 제대로 활용하지 못하는 상황이 너무 답답하고 안쓰러웠다. 영어 강사로서 이런 사람들에게 도움이 되고 싶다는 마음도 컸다.

　문제를 해결할 열쇠를 찾았으니 이제 행동할 차례였다. 마침 또 며칠 뒤면 2020년 새해가 밝아올 터였다. 나는 개인 팬 카페에 '2020년 시즌 1 - 샤샤 영어 1기 회원 모집' 글을 올렸다. 샤샤 영어의 운영 방식은 매우 심플했다. 나는 매일 아침 사람들이 들을 영어 강의를 딱 한 강만 만들어서 사이트에 올린다. 그러면 사람들은 하루 중 가장 편한 시간대에 그 강의를 듣고 밤 12시가 되기 전에 라이팅(쓰기)과 스피킹(말하기) 숙제를 마친 후 그것을 제출한다. 그러면 팀리더가 팀원이 한 과제를 확인한다. 그렇게 매일 할당된 과제 2가지를 해낼 때마다 2포인트가 적립되는데, 이 포인트를 일정한 수준으로 모으면 그에 맞춰서 선물을 리워드(보상)로 제공했다.

　쉽게 말해 그날 공부하기로 한 내용은 미루지 않고 그날 소화하도록 프로그램을 설계한 것이다. 여기에 더해 사람들은 혼자 공부하는 것을 힘들어하니 팀을 만들어 회원들이 함께 공부하며 성장해나갈 수 있도록 한 것도 주효했다. 이 부분은 내가 유튜브 채널을 운영하면서 인사이트를 얻었던 부분이다. 유튜브 영상 중 생각 외로 조회수가 높은 영상이 있는데 바로 '스터디 위드 미'라고 해서 내가 공부하는 모습을 보여주는 영상이다. 특별히 무언가를 알려주는 것이 아닌데도 그걸 틀어놓고 함께 공부하면 공부가 정말 잘된다는 피드백을 많이 받았다. 덕분에 나는 사람들이 '혼공'보다 '함공

(함께 공부)'을 더 선호한다는 사실을 체감했다. 또한 매일 일정한 포인트를 쌓으면 리워드를 받을 수 있게 한 것도 너무 좋다는 피드백을 많이 받았다. 어린 시절, 학교에서 '참 잘했어요'라는 의미로 선생님께 포도송이 스티커를 받고 나면 뿌듯했던 기억이 있지 않은가? 나는 어른들의 마음속에도 이런 어린 아이의 마음이 여전히 있을 것이라고 생각했다. 이 모든 장점들이 어우러져 샤샤영어의 완강률은 일반 인강 완강률과 비교가 되지 않을 정도로 높다.

샤샤영어는 보통 인강과는 달리 상시 모집이 아니다. 1년에 딱 4번만 모집한다. 분기당 한 번만. 추가 모집은 없다. 나는 영어 배우기에 절실하고 꼭 해야 하는 마음준비가 된 분들이 샤샤 가족이 되길 원한다. 신청일을 놓치지 않기 위해 미리 언제 신청하는지 플래너에 체크해두고 드디어 모집 기간이 되었을 때 돌진하는 학습자는 확실히 의욕이 남다르다. 사람들의 호응이 내 예상보다 더 뜨거워서 나 역시 큰 책임감을 느끼며 진행하는 중이다. 특히 샤샤 영어를 진행했던 첫 1년간 나 스스로도 부쩍 성장했음이 느껴졌다. 2020년에 나는 매일 새벽에 일어났다. 강의를 미리 수십 개씩 만드는 것이 아니라 나도 학습자처럼 딱 그날의 강의를 당일 새벽 4시 50분에 녹음해서 5시 30분~6시 경에 업로드 했다. 이른 새벽부터 샤샤 영어를 들을 분들을 생각하며 생생한 강의 자료를 준비하다 보면 나도 모르게 아침을 힘차게 여는 듯한 기운을 얻었다.

그렇게 1년을 진행한 뒤, 이후부터는 만들어둔 파일을 활용해서 샤샤 영어를 이어가는 중이다. 놀라운 것은 샤샤영어의 획기적인 학습 시스템을 많은 샤샤가족이 좋아해주시고 입소문이 꼬리에 꼬리를 물며 이어지자 한 번 만들어둔 콘텐츠가 안정적으로 수익을 창출하기 시작했다는 점이다. 내가 가장 자신 있는 콘텐츠인 '영어'를 주제로 나만의 문제의식을 나만의 관점으로 해석해서 풀어낸 결과, 많은 사람들에게 도움이 될 뿐만 아니라 수익을 창출하는 일로까지 연결된 것이다. 좋아하는 일을 통해 타인을 도와줄 수 있을 뿐만 아니라 돈까지 꾸준히 벌 수 있다는 사실은 나에게 큰 자긍심으로 되돌아왔다. 이것이 내가 경험한 '콘텐츠의 힘'이었다.

지금, 당신을 둘러싼 무수한 콘텐츠의 바다에 빠져서 그저 허우적거리고만 있지 않은가? 좋은 콘텐츠들을 듣고 읽고 보면서 좋은 안목을 키우는 것 역시 보람된 일임을 부인하지는 않는다. 양질의 콘텐츠는 안목을 가진 시청자나 독자들의 피드백이 존재할 때 비로소 그 의미가 확장될 수 있기 때문이다. 하지만 자기만의 안목과 취향, 관심 분야가 생겼다면 소비자에서 생산자가 되어보는 것은 어떨까? 콘텐츠의 생산자가 되는 순간, 당신은 밀도 있는 돈을 창출할 수 있는 사람, 더 나아가 스스로 내공과 밀도를 갖춘 사람으로 거듭날 수 있게 될 테니 말이다.

나만의 콘텐츠를 만들어보자

대부분의 사람이 매일매일 아침에 눈을 떠서 밤에 잠들 때까지, 종이나 화면(혹은 글이나 영상) 등 무언가를 '보고', '읽고', '듣고' 있다. 세상에는 무수히 많은 콘텐츠가 있고, 이제는 전문가가 아니어도 누구나 손쉽게 콘텐츠를 만들 수 있는 시대이기 때문이다. 이렇게 장벽이 낮아진 지금, 나만의 콘텐츠를 만들어 세상에 내보이자. 언제, 어디서, 어떻게 내 콘텐츠가 터질지 아무도 모른다.

⫽★ 행동 지령

❶ 유튜브, 인스타그램, 팟캐스트 중에 가장 자신있는 매체를 고른다.

❷ 어떤 콘셉트로 콘텐츠를 만들 것인지 기획서를 써보자.

❸ 영상 스케치나, 목차, 간략 대본을 작성해보자.

❹ 딱 한 개라도 만들어보자!

참고도서 《나만의 콘텐츠 만드는 법》

_____

_____

_____

※주의사항: '에이, 이게 설마 되겠어?'라는 생각은 말 것.

부를 쌓아야 하는 진짜 목적을 찾아라

Building wealth is about more than just money

'샤이니'라는 브랜드를 사랑해주는 분들이 늘어나면서 나의 노동 소득이 늘어남과 동시에 현재는 '샤샤 영어'처럼 나만의 콘텐츠로 고정적인 저작권료 등이 더해지면서 나의 자산은 점차 단단한 밀도를 갖추며 질적으로나 양적으로 확장되어갔다. 그러다 보니 주위에서도 어쩜 그렇게 옹골지게 자산을 불려나갔는지 묻는 사람들이 많아졌다. 그런데 막상 그런 질문을 받으면 그 자리에서 이미 오래전부터 준비해온 듯 그 이유를 술술 말하기는 어려웠다. 나는 그저 열심히 일하고 악착같이 아끼며 살아왔을 뿐인데, 사람들은 나에게 엄청난 비법을 기대하는 것 같았기 때문이다.

그러던 차에 나에게 '아하!'의 깨달음을 준 책,《놓치고 싶지 않은 나의 꿈 나의 인생》을 만났다. 이 책에는 부에 다다르는 6가지 원칙이 나온다. 그 6가지를 내 식대로 정리를 하면 다음과 같다.

첫째, 내가 얻고자 하는 돈의 액수를 명확히 한다.
둘째, 그만큼의 돈을 얻기 위해 무엇을 할 것인지 생각한다.
셋째, 내가 원하는 부를 달성하는 미래의 정확한 날짜를 정한다.
넷째, 준비가 완벽하지 않더라도 개의치 말고 즉시 행동한다.
다섯째, 위의 모든 내용을 종이에 적어본다.
여섯째, 종이에 적은 6가지를 매일 큰소리로 읽는다.

놀라운 것은 이 6가지 활동 중 세 번째 항목을 제외하면 내가 스무 살 이후로 20여 년간 꾸준히 지속적으로 해온 일들이었다. 명시적으로 문장화해서 정리하지 않았을 뿐, 나는 이미 이 부에 다다르는 원칙을 내 삶에 적용하며 살아왔던 것이다.

이 6가지 원칙은 모두 중요하지만, 그중에서도 내가 가장 중요하게 생각하는 것은 첫 번째 단계다. 첫 번째 단계는 '돈의 목적'을 생각한다는 말로 바꿔서 이야기할 수 있다. 대부분의 사람들은 막연히 '부자가 되고 싶다'라는 희망을 품을 뿐, '왜 그만큼의 돈을 모으고 싶은지'에 대해서는 골똘히 생각하지 않는 듯하다. 나름의 이유를 든다고 해도 대체로 두루뭉술하다. 가령, '더 이상 돈 걱정을 하지 않아도 되어서', '회사에 다니지 않고 내 시간을 자유롭게 쓸 수 있어서', '여행을 마음껏 다니고 싶어서', '더 좋은 것들을 누리기 위해서' 등과 같은 이유를 떠올릴 뿐이다. "이 정도도 돈을 많이 가지고 싶은 구체적인 이유가 아닌가요?"라고 묻는 사람이 있을지도 모른다. 하지만 나는 절대 그렇지 않다고 말하고 싶다.

　로또에 당첨되어 갑작스럽게 큰돈을 얻은 사람들이 도박이나 투기로 전 재산을 탕진해버리는 이야기를 한 번쯤 들어본 적이 있을 것이다. 그 사람들은 왜 커다란 행운을 얻고서도 그런 불행한 결말을 맞이했을까? 그것은 아마도 '목적이 없이 쥐어진 돈'이었기 때문이었으리라. 목적이 없다는 말은 내가 꿈꾸는 미래가 명확하지 않다는 말과 같다. 내가 미래에 되고 싶은 모습이 선명해야 그것을 이루기 위해 필요한 계획을 또렷하게 세울 수 있다. 우리가 자본주의 세계에서 살고 있는 한, 그 계획의 많은 부분이 자산 계획이 될 수밖에 없음은 자명하다. 내가 학생 때부터 돈을 정말 악착같이 모을 수밖에 없었던 이유는 '돈의 목적'이 분명했기 때문이다. 나 홀로 오롯이 들어가 살 수 있는 자취방의 보증금을 마련하는 것. 목표가 확실하니 그 돈을 모으기 위해 치밀하고 행동력 있게 움직일 수 있었다. 그리고 마흔이 넘은 지금의 나는 스무 살의 나보다 더 크고 원대한 미래를 꿈꾼다. 내가 살고 싶고, 갖고 싶은 공간도 이제는 내 한 몸 누울 작은 공간이 아니라 좀 더 크고 멋진 공간으로 바뀌었다. 단순히 부동산이라는 자산소득을 통해 부를 더욱 확장하기 위한 목적뿐만 아니라 '샤이니'라는 브랜드를 내걸고 나의 회사를 운영할 만한 더 좋은 공간을 마련하고 싶기 때문이다.

이처럼 만일 내 미래의 꿈이 서울에 내 집 마련을 하는 것이라고 한다면, 그냥 '현금이 10억쯤은 있어서 서울에 내 집이 한 채 있으면 좋겠다'라고 생각할 것이 아니라 구체적으로 내가 살고 싶은 동네를 정하고, 그 동네에서 얼마짜리의 어떤 집을 사고 싶은지 적어야 한다. 그리고 실내의 인테리어는 어떤 식으로 할지 등을 정말 구체적으로 그리고 거기에 들어갈 비용까지 꼼꼼히 계산해 적어본다. 만일 건물을 사고 싶다면, 어느 동네에 있는 대지면적 몇 평, 몇 층짜리의 빌딩을 원하는지 고민해본다. 요즘은 워낙 인터넷에 정보들이 투명하게 공개되어 있어서 조금만 손품과 발품을 들이면 건물 가격 정도는 쉽게 알 수 있다. 이 밖에도 주식, 예금, 채권 등 자산을 이루는 요소는 무궁무진하다. 즉, 내가 미래에 소유하고자 희망하는 자산을 항목별로 아주 상세한 금액으로 적어본 후 그 총합을 내려본다. 그리고 왜 그만큼의 돈이 필요한지도 함께 생각을 한다. 그 돈들에 목적을 부여하는 것이다. 그런 뒤에 내려지는 총합이 내게 진짜 필요한, 내가 바라는 돈의 금액이다.

이렇게 확실한 목표가 정해지면, 그다음부터는 실행의 문제다. 자칫 '끌어당김의 법칙'을 잘못 맹신하는 사람들은 실질적인 노력은 하지 않은 채, 바라기만 한다. 그것이 이루어질 리가 있겠는가? 그리고 실행을 하기 전에는 '무엇을' '어떻게' 할지 계획을 세워야 한다. 나 역시 내가 미래에 원하는 돈의 총합이 커지자 내가 하고자 희망하는 일들이 다변화되었다. 그전까지는 영어 전문가로서 영어 강사로서 입지를 다져 돈을 벌 생각만 했었다. 그런데 지금은 이를 더욱 확장하여 영어 교육을 포함한 종합 교육 사업, 콘텐츠 사업으로도 그 영역을 넓히고 싶어졌다. 또한 영어 강사로 밤낮없이 일하는 와중에 건강의 중요성을 뼈저리게 느끼면서 건강 사업에도 관심이 생겼다. 이렇게 넓어진 관심사를 현실적으로 이루기 위해 현재 차근차근 액팅 플랜을 준비하는 중이다. 요컨대 내가 세운 자산의 목표에 맞춰 미래의 행동 포트폴리오를 짜고, 실행해야 한다.

그리고 실행을 할 때는 모든 계획을 완벽히 세운 뒤에 하려고 들지 말고, 큰 틀의 계획이 세워졌다면 우선은 부딪혀서 해보는 추진력이 필요하다. 일이라는 것은 늘 계획대로 되지 않기 마련이고, 우리가 머릿속으로 세우는 계획은 이상적이지만 현실에서는 늘 예상치 못한 지뢰들이 터지기 십상이기 때문이다. 또 직접 해봄으로써 내가 세운 이상적인 계획들을 현실적인 수준에 맞춰 재조정할 수도 있다.

마지막의 2가지는 '꿈을 쓰고 말하는 행위'라고 요약할 수 있다. 글에는 힘이 있다. 머릿속에만 존재하던 추상적인 생각이 문장화

되는 순간, 내 눈앞에 명시적으로 펼쳐진다. 많은 성공한 사람들이 메모의 중요성, 기록의 위대함을 예찬하는 이유다. 적지 않은 다짐, 기록하지 않은 생각은 언젠가는 휘발되어 날아간다. 하지만 그것을 붙잡아 펜으로 써서 남겨두면 역으로 그것이 나의 마음과 시선을 붙잡아 흔들리지 않도록 지탱해주는 힘이 된다. 또 그것을 반복해서 읽음으로써 나의 소중한 꿈을 되뇌는 효과를 거두게 된다. 아이들에게 책을 읽힐 때에도 학습 전문가들은 묵독보다 음독을 추천한다. 묵독은 한 번만 읽게 되지만, 음독을 하면 눈으로도 읽고 입으로도 읽고 그 소리를 귀로 들음으로써 총 세 번을 읽게 되는 셈이 되기 때문이다.

　다음은 내가 요즘 자주 사용하는 '목적 있는 돈을 마련하기 위한 드림 페이퍼' 양식이다. 여기에 당신만의 비전과 목적을 담아 빈칸을 채우다 보면 분명 미래의 언젠가 당신은 여기에 적힌 만큼의 자산을 이룬 행복한 부자가 되어 있을 것이다.

자산						
금액						

_____ 원을 위한 _____ 의 포트폴리오

총합

_____ 억 원

행동

날짜

_____ 년 _____ 월 _____ 일

5장

부와 행복을
끌어당기는 7가지 법칙

☆☆☆

완벽한 순간은 오지 않는다. 일단 실행하라

Start now. Get perfect later

세상에서 가장 센 힘은 무엇일까? 나는 '추진력'이라고 생각한다. 표준국어대사전의 정의에 따르면 추진력은 '물체를 밀어 앞으로 내보내는 힘' 또는 '목표를 향해 밀고 나아가는 힘'이다. 내가 추진력이 세상에서 가장 센 힘이라고 생각하는 이유는 이것이야말로 불가능해 보이는 일을 가능하게 만들고 때로는 무無에서 유有를 창조해내는 힘이기 때문이다. 거대하고 무거운 로켓을 하늘로 쏘아 올려 우주로 보내는 힘도 바로 이 추진력이다.

"샤이니 선생님은 어떻게 그렇게 실행을 팍팍 잘하세요?"

"새로운 걸 도전할 때 두렵지는 않으신가요?"

내가 주변에서 자주 받는 질문 중에는 바로 이 추진력에 대한 물음이다. 나의 팬 카페나 유튜브 채널 댓글에는 이런 질문이 주기적으로 달린다. 나이키 광고 중에 이런 광고를 본 적이 있다. 오늘 내가 달린 거리 중에 가장 먼 거리는 침대에서부터 현관문까지의 거리라는 추진력이 있는 사람과 없는 사람을 가르는 기준은 딱 하나다. 생각한 대로 실천하느냐, 그렇지 않느냐. 즉, '실행 여부'이다. 무엇이든 '하는 사람'은 추진력이 있는 사람이다. 그리고 추진력이 있는 사람은 그것이 실패든 성공이든 그전까지 세상에 없던 결과를 내놓는다.

영어 강사 이외에도 다양한 사업을 추진하고 도전하면서 수익의 파이프라인을 다각화하고 내가 가진 부의 그릇을 넓혀보고 싶다는 다짐을 하고 나자 나의 추진력은 빛을 발하기 시작했다. 대표적인 경험이 바로 홍삼 사업을 벌였던 일이다. 내가 나고 자란 고향(금산)이 인삼으로 유명한 곳이다 보니 엄마는 비록 돈은 못 보내주셨을지언정 홍삼은 늘 정기적으로 보내주었다. 매일 마시는 홍삼 덕분에 나는 에너지 넘치는 하루를 보낼 수 있었고, 나이에 비해 좋은 피부를 유지할 수 있었던 것도 이 홍삼의 역할이 분명 있다고 생각한다. 어쩌다 부모님이 홍삼 보내주시는 것을 깜빡하셔서 일주일 정도 홍삼을 마시지 못한 날엔 피부빛이 칙칙하게 거칠어지는 것이 눈에 보였다.

나는 '동안'으로 TV에 출연한 적이 있었다. 피부과 검사 결과 실제 나이보다 한창 어린 피부임이 증명되어 나의 동안 비결을 유튜브 영상으로 간단히 제작한 적이 있었다. 여러 비결 중 하나를 홍삼으로 꼽았더니, 수많은 구독자가 내가 마시는 홍삼에 대해 궁금해했다. 그러나 나는 답변을 하기가 난감했다. 내가 마시는 홍삼은 유명 브랜드의 것이 아닌, 어릴 적부터 집에서 마시던 소위 말하는 '동네 홍삼'이었기 때문이다. 인삼으로 유명한 고장답게 아버지의 지인 중 많은 분이 인삼 사업에 종사하셨다. 그중에서도 정직하고 좋은 홍삼을 파는 분의 것을 우리 집은 수년째 이용하고 있었다. 그 홍삼을 만드시는 이웃사촌 아주머니를 나는 편하게 '이모'라고 불렀다. 구독자 분들에게 이 '동네홍삼'을 어떻게 알려드려야 하나 고민하던 차에 불현듯 좋은 아이디어가 스쳐지나갔다. "아! 내가 마시는 홍삼을 알려드릴 겸 이 참에 라이브로 홍삼 공구를 해보자" 영어강사가 홍삼 공구라니, 좀 웃기게 보일 수 있었으나 많은 구독자 분들이 궁금해하는 점을 시원하게 해소할 수 있는 기회라 생각했다.

금산 이모에게 연락을 드려 혹시 모를 대량 주문에도 물량이 부족하지 않을지 등을 확인 후, 앞뒤 잴 것 없이 바로 라이브 날짜를 잡았다. 내가 마시는 홍삼에 이름을 붙여주면 좋을 것 같아서 하나를 뚝딱 만들었다. '엄마이모홍삼' 엄마와 이모의 정성으로 만들어지는 홍삼이라는 뜻이었다. 공구의 결과는 대성공이었다. 한 시간 만에 수백 박스의 주문이 들어온 것이다. 세상에! 나는 쇼 호스트도 아닌데 이렇게 많은 홍삼을 팔다니! 내친김에 신랑이 사업자를 내고 건강기능식품 판매 관련된 자격증, 인증서 등을 따도록 했다. 이렇게 뜻하지 않게 나와 신랑의 또 다른 수입 파이프라인이 하나 더 생겼다.

추진력을 내어 결국에는 실행으로 이르는 비결에는 무엇이 있을까? 내 경우에는 '주변에 공언하기'를 자주 활용한다. 계획을 마음속에만 담아두면 어지간한 추진력이 아니고서는 지키기가 참 어렵다. 그냥 내 마음속에서 없었던 일로 해버리면 그만이기 때문이다. 하지만 내가 품은 계획을 주변에 공언하면 그 말은 다른 사람들과의 '약속'으로 성격이 바뀌어버린다. 행위에 강제성이 더해지는 상황이 되어버리는 것이다. 재미있는 것은 사람들은 생각보다 타인에게 관심이 없지만, 우리 개개인은 타인의 시선을 굉장히 의식하며 산다는 점이다. 사실 타인을 의식하며 산다는 것은 때때로 나를 피폐하게 만드는 요인이지만, 이를 잘만 활용하면 나를 움직이는 동력으로 건강하게 활용할 수도 있다.

나는 엄청난 기계치다. 컴퓨터를 비롯한 모바일 기기 사용도 평균치에 한참 못 미치는 실력이다. 이런 내가 모바일 편집을 할 줄 알게 된 것도 '주변에 공언하기' 덕분이었다. 여행을 좋아하는 나는 해외에 나가 있을 때도 유튜브 영상을 찍어서 올리면 좋겠다는 생각을 했다. 하지만 매번 노트북을 꺼내 편집을 하는 것은 번거로웠기 때문에 간단히 모바일 편집을 할 수 있으면 여러모로 좋겠다고 생각했다. 신기하게도 바로 이때, 지방의 한 중학교에서 유튜브 모바일 영상 만들기 1시간 특강을 진행해줄 강사를 모신다는 소개를 받게 되었고, 나는 앞뒤 재지 않고 바로 신청했다. 내가 모바일 편집의 달인이라서 바로 신청한 걸까? 아니다! 나는 모바일 편집을 전혀 할 줄 몰랐다. 하지만 이렇게 학교와 '약속'을 하고 친구들에게 내가 이런 특강을 간다고 선포를 했다. 나중에 강의료를 알게 되었는데 내가 평소 받는 강의료의 10분의 1 수준이었다. 하지만 전혀 개의치 않았다. 이 강의를 통한 나의 목표는 따로 있었으므로.

그렇게 강의를 하겠다고 나선 이후부터는 적극적으로 공부를 할 수밖에 없는 상황이 되었다. 그리고 신기하게도 누군가에게 잘 가르쳐야 한다는 생각을 하니 배울 때에도 나중에 가르쳐야 하는 상황을 염두에 두고 더 효율적으로 정보를 습득하게 되었다. 덕분에 무모하게 지원했던 강의도 무사히 잘 마쳤을 뿐만 아니라 내가 원할 때는 언제든 짧은 시간에 영상을 만들어 올릴 수 있는 사람이 되었다. 이 책 역시 내가 유튜브 채널에 올렸던 영상들의 내용을 바탕으로 쓰인 것이니 편집 기술을 배워야겠다고 생각하고 실행에 옮긴 결과가 꼬리에 꼬리를 물고 새로운 기회들로 연결된 셈이다.

중국의 인터넷 기업 알리바바의 창업주 마윈은 이런 말을 했다고 한다. '세상에서 가장 같이 일하기 힘든 사람들은 가난한 사람들이다.' 얼핏 보면 가난한 사람들을 무시하는 말인가 싶지만 그 이유를 살펴보면 그런 의미가 아니라는 걸 알 수 있다. 마윈이 이렇게 말한 까닭은 이렇다. '가난한 사람은 자유를 주면 함정이라고 이야기하고, 작은 비즈니스는 돈을 별로 못 번다고 말한다. 또한 큰 비즈니스는 돈이 없어서 못한다고 말한다. 새로운 것을 시작하자고 하면 경험이 없다고 말하고, 전통적인 비즈니스를 하자고 하면 어렵다고 말한다.' 즉, 할 수 없는 핑계거리만 찾는 사람들은 부를 이룰 수 없다는 메시지다. 찾자면 안되는 이유도 수만 가지, 되는 이유도 수만 가지다. 이 넓은 스펙트럼 가운데 나의 시선을 어디에 맞추고 살아가야 할지는 우리의 몫이다. 도전이라는 구덩이에 스스로를 던져라. 당장은 감당할 수 없을 것 같은 두려움이 엄습해 올지라도 이는 부의 그릇을 넓히기 위해 가장 필요한 덕목이다.

공언하기의 힘

공평할 공(公)을 쓴 공언(公言)은 '여러 사람 앞에 명백하게 공개하는 말'이라는 뜻을 가지고 있다. 하지만 빌 공(空)을 쓴 공언(空言)은 '실행이 없는 빈말', '내용에 근거나 현실성이 없는 헛말'의 뜻을 가진 단어가 된다. 공언(公言)이 공언(空言)으로 끝나지 않도록 계획과 공언할 사람을 잘 고르는 것이 중요하다. 팁을 주자면 장기적인 목표보다는 단기적인 목표에서 공언하기의 힘이 크게 작동한다.

✦ 행동 지령

❶ 꼭 이루고 싶은 단기적인 목표를 세운다.

❷ 나와 가까우면서 내가 공언한 목표를 잘 지키는지 지켜볼 사람을 추린다.

❸ 그 사람에게 계획을 공언한다.

_____

_____

_____

_____

_____

※주의사항: 진심으로 응원해줄 소수의 사람에게 공언할 것

☆☆☆
공부하지 않은 투자의 혹독한 대가

Never invest in something you don't understand

세상사의 모든 일에는 명암이 존재한다. 빛이 강할수록 그림자가 짙게 드리워지는 일은 너무도 당연하다. 하지만 뼈저린 실패를 경험하지 않으면 사람은 늘 자신이 해오던 방식을 고수하며 늘 거두었던 성취를 기대하기 마련이다. 나 역시 이런 어리석음을 피하지 못했었다. 30대 초반까지 내가 일군 자산들은 대부분 '영어 강사'라는 개인사업자로서 벌어들이는 소득이었다. 즉, 말이 사업소득이지 실제로는 나의 노동력과 시간을 투입해 월급처럼 돈을 받는 근로소득에 가까웠다. 하지만 '일단 해보자' 정신으로 '샤이니'라는 브랜드를 일궈서 내 몸값과 가치를 높인 덕분에 나는 월급을 받는 직장인들과 견줬을 때 굉장히 많은 근로소득을 올리는 상황을 만들어냈다. 그 결과, 종잣돈이 넉넉히 마련되어 그 돈을 불리고는 싶은데, 들어오는 일들은 해야 하니 시간이 없어서 공부는 하지 않고 나의 추진력과 행동력만 믿고 섣부른 투자를 하곤 했다.

특히 2011년부터 2014년 사이에는 번 돈을 계속 까먹기만 했다. 내가 경험한 실패 중 역대급 실패가 있었으니 바로 제주도 분양형 호텔 투자였다. 당시에는 제주도에 중국인 관광객들을 비롯해 제주올레 관광을 위해 내국인 관광객들이 밀려들어올 때여서 제주 곳곳에 분양형 호텔이 우후죽순으로 건설되던 시기였다. 그 무렵 나는 어느 재테크 박람회에서 연 8% 수익을 보장하는 분양형 호텔 광고를 보고 마음이 훅 이끌리고 말았다. '가만 보자. 해외 부동산은 아직 너무 먼 이야기이지만, 제주도에 내 소유의 호텔 객실이 있어서 힐링이 필요할 때는 잠깐 제주도에 내려가서 쉬다가 오고, 내가 사용하지 않을 때는 지인들에게 숙소를 공유하거나 다른 사람들에게 빌려주고 수익을 얻을 수도 있겠네!'

참고로 분양형 호텔은 아파트처럼 투자자들이 객실별로 소유권을 가지고 호텔 위탁운영사가 수익을 배분하는 수익형 부동산의 하나다. 관리에 대한 부담은 덜하면서 수익도 낼 수 있고, 나만의 별장처럼 사용할 수도 있으니 투자 초보자가 보기에는 너무 매력적인 상품으로 보였다. 여기에 더해 만약의 경우를 대비해서 3년 정도 보유한 이후에는 판매를 원하면 언제든지 호텔 위탁운영사가 구입해준다는 조건도 있었다. 계약금을 비롯해 소유권을 구매할 돈만 있으면 안 할 이유가 전혀 없어 보였다.

　나는 그동안 열심히 일을 해서 모은 돈으로 계약금을 부랴부랴 치르고 분양형 호텔이 완공되기만을 기다렸다. 하지만 결과적으로 나는 눈 뜨고 코 베이는 상황을 맞이하고 말았다. 은행 대출도 받기 싫어서 계약금을 비롯해 잔금을 모두 내 돈으로 치르느라 약 4억 원의 돈을 투자했지만 현재 이 분양형 호텔로 내가 한 달에 받는 수익은 월평균 10만 원 정도다. (그마저도 전혀 나오지 않던 시절도 있었다.) 8% 수익률은커녕 마이너스인 셈이다. 억 단위의 돈을 손해 본 이 일은 나에게 굉장한 충격으로 다가왔다. 그전까지는 그게 무슨 일이든 일단 부딪혀서 해보면 나에게 유·무형으로 남는 결과로 이어졌다. 그러나 투자의 세계는 절대 그렇지 않았다. 순진한 나의 선의를 이용하는 사람들도 많았고, 무엇보다 행동 이전에 '철저한 공부'가 필요했다.

　이후 나는 재테크와 관련된 책들을 하나둘씩 사서 읽기 시작했다. 가령 채권이나 주식에 대한 책들도 읽고, 시장에 대해 분석한 전문가들의 유튜브 등도 찾아 들으면서 어떤 채권을 사야한다더라, 어떤 주식을 사야 한다더라, 하는 정보들을 찾아듣고 그 정보들에 따라 브라질 채권 같은 국채 등을 사는 등 내 나름의 투자를 이어나갔다. 하지만 이 역시 기대했던 수익을 얻기는커녕 마이너스 수익을 기록했다. 이후 무엇이 문제였는지를 곰곰 생각해보니 공부를 한다고는 했지만 거시적인 경제의 흐름을 공부했던 것이 아니라 단편적인 상품들에 대한 정보만 좇고 있었던 것이 패착이었다.

가치투자의 대가 워런 버핏은 자신이 잘 아는 기업에만 장기 투자를 한다고 하는데, 나는 연이은 투자의 실패를 되새기면서 왜 버핏이 그런 말을 했는지 경험적으로 이해가 되었다. 공부하지 않은 투자의 대가는 매우 혹독했다. 이때의 실패들로 인해 나도 모르게 부자의 그릇을 넓히는 방법으로서 투자에 대한 두려움이 생기고 말았다. 그래서 다시 내가 원래 돈을 모으던 방식이었던 저축으로 회귀하고, 거시적인 경제의 흐름을 익히기 위해 자본주의의 본질이나 돈의 속성 등에 대해 다룬 정통 경제서들을 어렵지만 조금씩 읽어나가기 시작했다. 이때의 공부는 뒤에서 이야기하겠지만, 내가 100억대 이상의 자산 가치를 지닌 건물을 구입하는 과정에서 큰 도움이 되어주었다.

⭐ 없던 가치도 만드는 감사의 힘

The incredible power of gratitude

몇 해 전 집을 이사하면서 나는 반짝이는 추억의 물건을 발견하고 깊은 감상에 빠진 적이 있다. 바로 내가 고등학교 시절에 썼던 일기장을 발견했기 때문이다. 이제는 빛이 바랜, 'Hands Off(손대지 마시오)'라는 영어 문장이 적혀 있는 일기장을 발견하고 한 장 한 장 넘겨보던 나는 그만 코끝이 찡해져 눈물이 한 방울 두 방울 떨어지기 시작했다. 크고 넓은 집으로 이사를 와서 짐정리를 하던 순간이었는데 그 일기장을 보고 있노라니 문득 창고 같은 집 방바닥에 웅크리고 앉아 나의 꿈을 한 자 한 자 꾹꾹 눌러 담던 나의 지난 시절이 떠올랐기 때문이다.

그 일기장에는 앞에서 이야기했던 내가 꼭 받겠다고 작정했던 수능 점수도 적혀 있었고, 당시 나의 롤모델이었던 동시통역사 최정화 교수님의 다큐멘터리를 보고 난 뒤 내가 느꼈던 감상들과 다짐들도 적혀 있었다. 그리고 어른이 된 내가 지금 봐도 너무 대견하다 싶은 구절들도 꽤 많이 적혀 있었다. 가령, '최선을 다해 공부를 하면 좋은 11가지 이유' 같은 것들. 하지만 가장 눈에 띄었던 것은 일기장 곳곳에 '감사하다', '고맙다', '다행이다'라는 표현들이 자주 등장하는 것이었다. '오늘은 친구가 문제집을 빌려줘서 고마웠다', '오늘은 공부가 평소보다 잘 되어서 너무 감사한 하루였다', '선생님이 수업 시간에 칭찬해주셔서 감사했다…….'

어쩌면 가진 게 하나도 없었던 내가 지금까지 사람들에게 분에 넘칠 정도의 사랑과 지지를 받고, 많은 것을 가질 수 있게 된 이유는 '감사하는 마음' 덕분이 아니었을까 싶다. 아니, 가진 게 없었기 때문에 작은 것 하나라도 얻게 되면 그것에 고마워하고 기뻐하고 행복해할 줄 아는 자세를 가지게 된 것 같기도 하다. 나는 '감사하는 마음이 가져오는 성공과 행복'에 대해 떠올릴 때면 미국의 유명한 토크쇼 진행자이자 셀러브리티인 오프라 윈프리Oprah Winfrey가 생각난다. 사생아로 태어난 오프라 윈프리는 어린 시절 사촌에게 성폭행을 당하고 마약에 빠져 사는 등 우리가 상상도 할 수 없을 만큼 굉장히 불우한 어린 시절을 보냈다고 한다. 그런 그녀가 자신의 삶을 추스르고 지금의 높은 자리에 오를 수 있었던 가장 큰 원동력은 '감사 일기'를 쓰는 습관이었다.

나에게 일어나는 일 모든 일에 감사한다는 말은 나에게 일어난 부정적인 일조차 감사한 일로 여긴다는 말이기도 하다. 내가 몇 해 전 법륜 스님의 '즉문즉설' 강연에 참석하던 날이었다. 당시 강연이 열리는 장소는 강남구민회관이었는데 그날 오후에 비가 많이 올 것이라는 예보가 있었다. 그래서 나는 돌아올 때를 생각해서 차를 가지고 집을 나섰다. 강연이 끝난 뒤 나는 바로 집에 가지 않고 지인들과 차담을 가졌고 이야기꽃을 피우느라 시간이 가는 줄도 몰랐다가 결국 11시가 넘어 카페를 나섰다.

그 시간, 구민회관 주차장은 이미 문이 잠겨서 들어갈 수가 없었다. 차는 뺄 수 없고, 비는 내리는데 늦은 시간 대중교통을 타고 귀가할 수 밖에 없었다. 샤워를 하면서 문득 이런 생각이 들었다. '비도 엄청 많이 내리고 밤늦은 시간인데 내가 만일 차를 운전해서 집으로 귀가했다면 사고가 났을지도 모르잖아. 오히려 이렇게 들어온 게 잘된 일일지도 몰라.' 그렇게 마음을 먹고 나니 차를 못 가져왔다는 불편했던 마음은 이내 사라지고 기분 좋게 잠자리에 들 수 있었다.

이렇듯 사실 우리에게 일어나는 일들은 '가치중립적'이다. 그것을 두고 좋다, 나쁘다, 슬프다, 기쁘다, 평가를 하는 것은 우리의 주관이 개입된 판단이다. 즉, 우리에게 벌어진 일은 그냥 '일어난 일'

일 뿐이고, 우리가 그것을 어떻게 해석하느냐에 따라 그 일이 우리에게 작용하는 힘이 달라진다. '감사 일기'는 우리에게 찾아온 가치중립적인 일들을 긍정적이고 더 나은 방향으로 해석하는 힘을 길러주는 유용한 루틴이자 습관이다.

나는 가능한 매일 감사 일기를 쓰려고 노력을 하는 편인데, 나만의 감사 일기를 쓰는 특별한 방법이 하나 있다. 그것은 바로 일어난 일에 대해서만 감사할 것이 아니라 '내가 원하는 바가 이미 이루어졌다고 가정하고 감사 일기를 쓰는 것'이다. 나는 이 활동에 '미리 감사하기'라는 이름을 붙여주었다. 일종의 '자기충족적 예언'을 실행하는 셈이나 마찬가지다.

하루하루 살아가기가 얼마나 힘이 드는 줄 아냐고, 감사할 거리를 찾기 힘들다고 말하는 분들에게 꼭 들려주고 싶은 구절이 있다. 김홍신 작가님의 《하루사용설명서》라는 책에 나오는 내용이다.

겪으면 안다.

굶어보면 안다. 밥이 하늘인 걸.

목마름에 지쳐보면 안다. 물이 생명인 걸.

코 막히면 안다. 숨 쉬는 것도 행복인 걸.

일이 없어 놀아 보면 안다. 일터가 낙원인 걸.

아파보면 안다. 건강이 엄청 큰 재산인 걸.

잃은 뒤에 안다. 그것이 참 소중한 걸.

이별하면 안다. 그이가 천사인 걸.

지나 보면 안다. 고통이 추억인 걸.

불행해지면 안다. 아주 작은 게 행복인 걸.

죽음이 닥치면 안다. 내가 세상의 주인인 걸

김홍신, 《하루사용설명서》, 해냄, 66쪽, 2019.

이 글을 읽으며 나는 내가 현재 누리고 있는 것들이 얼마나 많은지, 살아서 숨을 쉬고 있는 것만으로도 얼마나 놀라운 축복인지를 새삼 깨닫게 되었다. 마지막으로 감사 일기의 놀라운 힘에 대한 이야기를 오프라 윈프리의 말을 빌려 끝맺을까 한다.

"내가 확실히 아는 것이 있다면, 만약 당신이 당신 앞에 나타나는 모든 것을 감사히 여긴다면 당신의 세계가 완전히 변할 거라는 점이다."

오프라 윈프리, 《내가 확실히 아는 것들》, 북하우스, 105쪽, 2014.

미리 감사 일기 쓰기

이토록 감사를 하면 할수록 나에게는 놀라운 일이 벌어지게 될 것이다. 앞서 내가 이야기했던 그냥 감사 일기가 아닌 자기충족적 예언을 담은 '미리' 감사 일기를 써보자. 아래에 딱 1년 뒤에 일어날 일에 대해 미리 감사일기를 써보자.

★ 행동 지령

❶ 내가 되고 싶은 1년 뒤의 내 모습을 머릿속으로 그려보자.

❷ 그때의 내가 되어 감사 일기를 작성하자.

❸ 1년 뒤도 좋고, 5년 뒤, 10년 뒤도 좋다.

☆☆☆

행복의 가면을 쓰고 자신을 속이는 것에 대하여

Happiness vs. Pleasure

지금은 조금 수그러들긴 했지만 불과 1~2년 전만 해도 '소확행', '욜로' 등의 용어들을 트렌드를 분석한 도서나 매체들에서 쉽게 볼 수 있었다. '소확행'은 '소소하지만 확실한 행복'의 줄임말이고, '욜로'는 'You Only Live Once(인생은 한번 뿐이야)'의 줄임말로 한 번뿐인 인생이니 남의 눈치를 보지 말고 나의 소신과 주관대로 오늘을 당당하게 즐기자는 의미가 담겨 있다. 두 용어 모두 '행복'에 대한 밀레니얼 세대들의 새로운 정의를 보여주는데, '지금, 여기'에서의 행복을 추구한다는 공통점이 있다.

불투명한 미래를 위해 현재의 행복을 저당 잡히지 말자는 메시지를 나 역시 강력하게 지지한다. 동서고금의 수많은 현자賢者와

구루들도 그 표현법은 저마다 달랐지만 공통적으로 '현재에 충실하는 태도'의 중요성에 대해 설파했다. 그런데 간혹 '소확행'이나 '욜로'의 진정한 의미가 다소 왜곡되어 해석되는 모습을 보곤 한다. 즉, 한 번뿐인 인생이니 '오늘을 후회 없이 잘 살아내자'로 해석하는 것이 아니라 '인생 뭐 있어. 그냥 오늘을 즐겨! 내일은 없다' 식으로 소비되는 것이다. 하지만 현실을 돌아보자. 정말 오늘만 살고 나면 내일이 없을까? 하루가 지나고 나면 어김없이 새로운 날이 밝아온다. 오늘의 내가 할 일을 미루면 내일의 내가 그 짐을 떠안아야 한다. 오늘의 내가 힘들다면 과거의 내가 마땅히 했어야 하는 일을 순간의 편안함을 위해 미루지는 않았는지 되돌아볼 일이다.

그렇다면 '지금 여기에서의 행복'도 붙잡으면서, 미래의 나를 건설적으로 만들어갈 방법은 없는 걸까? 물론 있다. '현재의 행복'에 대한 잘못된 정의를 바로잡는다면 두 마리 토끼를 잡는 것은 결코 불가능한 미션이 아니다. 나는 영어 전문가이니 영단어의 의미로 '행복'에 대해 이야기해보겠다. 우리말의 '행복'은 영단어로 어떻게 번역할 수 있을까? 맞다! 'happiness'이다. 하지만 이 단어와 'pleasure'을 같은 개념으로 혼동하는 사람들이 많다. 미묘한 뉘앙스의 차이를 고려한다면 두 단어는 매우 성격이 다른 단어다. 둘 중에서 'happiness'는 보다 근본적인 기쁨이자 행복감을 가리킨다. 즉, 시간이 지나도 지속적으로 느껴지는 기쁨이나 행복감은

'happiness'다. 반면에 'pleasure'는 일시적이고 시간이 지나면 사라질 것 같은 여흥을 의미한다. 우리말로는 보통 '즐거움'이라고도 해석한다. 'pleasure'가 없는 삶은 무료하다. 하지만 'pleasure'로만 가득한 삶은 결코 진정한 행복한 삶이라고는 할 수 없다. 행복의 지속성이 결여되어 있기 때문이다. 우리는 'pleasure'보다 'happiness'로 가득한 삶을 추구해야 한다.

그렇다면 지속성이 높은 행복에는 무엇이 있을까? 예를 하나 들어보겠다. 당신은 며칠 후에 무척 중요한 시험을 앞두고 있다고 치자. 앞으로 하고 싶은 일을 하기 위해서는 반드시 통과해야 하는 시험이다. 그런데 도서관에 앉아서 책만 보다 보니 몸은 찌뿌둥하고 답답하기만 하다. 이때 옆에서 친구가 옆구리를 콕 찌르더니 '인생 뭐 있냐. 게임이나 한 판 하고 오자'라고 제안한다. 이 말을 듣고는 '그래, 시험에 합격할지 안 할지도 모르는데 우선 가서 리프레시나 하고 오자' 하는 생각이 들어 밖으로 나선다. 그리고 몇 시간 동안 게임을 하며 시간을 보낸다. 겉으로 보기엔 게임을 하며 즐거운 시간을 보내는 것 같지만, 진짜 당신이 그 순간을 100% 게임에 집중하며 행복한 시간을 보낼까? 나는 그렇지 않다고 본다. 게임을 하는 와중에도 마음 한 켠에는 시험에 대한 압박감과 이 시간에 이러고 있어도 되나 하는 불안감이 공존할 것이다. PC방 문을 나서니 이미 밤이 깊은 시각이다. 몇 시간 공부를 하지도 못했는데, 오늘 하루는 공친 날이 되어버렸다. 이 순간, 당신의 마음은 어떨까? 그리고 곧 다가올 시험은 잘 볼 수 있었을까?

　'인생이 한 번 뿐'이라는 '욜로'의 진짜 의미는 한 번 뿐인 인생이니 매일을 순간의 즐거움에 취해 탕진하자는 뜻이 아니다. 한 번 뿐인 인생이니 내가 진정으로 하고 싶은 일, 내 심장을 뛰게 만드는 보람된 일을 하며 오늘 하루를 잘 살아내자는 것이 욜로의 진짜 메시지다. 즉, 욜로는 겉으로만 보면 '순간의 행복'만 말하는 것 같지만, 잘 들여다보면 '삶 전체를 관통하는 지속적인 행복'을 추구하자는 의미가 담겨 있다. 지금 이 순간 당신을 기쁘게 하면서도, 당신의 미래의 행복과도 연관이 되는 일에는 무엇이 있나? 그것은 아마 저마다 추구하는 가치, 목표로 하는 삶의 모습에 따라 다를 것이다. 그 일을 찾아냈다면, 당신은 이미 행복한 부자가 되는 첫 발을 뗀 셈이나 마찬가지다.

건강한 자존감을 만드는 3가지 방법

3 ways to build lasting self-esteem

서점에 가서 출간된 책들을 둘러볼 때나 TV를 켜고 여러 방송 프로그램들을 보다 보면 '자존감'이라는 키워드가 눈에 자주 밟힌다. 나는 어떤 키워드가 급부상하는 이면에는 그것에 대한 사람들의 결핍이 존재한다고 생각한다. 자존감에 대한 이야기가 흘러넘치는 이유는 우리 사회가 개인이 자존감을 가지고 살아가기 어려운 구조이기 때문은 아닐까. 가령 학창시절부터 대학입학을 위해 친구들과 무리한 경쟁을 해야 하고, 사회생활을 하면서는 동료보다 더 나은 실적을 쌓아올려야만 조직에서 인정을 받는다. 남보다 늘 잘해야만, 타인을 짓밟고 올라서야만 1등의 자리에 오를 수 있는 사회이기 때문에 자존감이 더욱 절실히 필요한 것이다.

이런 적자생존, 약육강식, 각자도생의 환경에서 개인들은 경쟁과 타인과의 비교로 인해 비록 사회적인 성공을 거둔다고 해도 공허함에 시달리거나 어두운 자신의 내면과 사투를 벌여야 한다. 물론 공부를 하고 일을 하는 과정에서 목표를 성취하고 성공을 경험하는 것은 너무 중요하다. 목표를 완수해내고 성공에 도달한 경험은 나에 대한 믿음을 강하게 만들어주고, 삶을 즐겁고 행복하게 살아나가게 하는 원동력이 되기 때문이다. 다만, 그 과정에서 타인과의 비교와 과도한 경쟁을 과열시킨다는 것이 문제다.

그렇다면 건강한 자존감을 가지려면 어떻게 해야 할까? 우선 자존감이 무엇인지부터 잘 들여다보자. 자존감은 자신감과 헷갈리기 쉽다. 자신감은 영어로 'confidence'라고 한다. 자신감은 어떤 특정한 일에 대해서 내가 가지는 태도 혹은 그 일을 해낼 수 있는 에너지를 말한다. 즉, 내가 무슨 일을 하는지에 따라서 나의 자신감이 높아질 수도 있고 낮아질 수도 있다. 가령, 누군가가 나에게 영어로 말해보라고 하면 나는 이 분야에 대해서만큼은 전문가이기 때문에 내가 가진 영어 말하기 능력치가 100이라고 한다면, 여기에 자신감이 붙어서 120만큼의 능력을 가진 것처럼 그 일을 해낼 수 있다. 반대로 기계치인 내게 컴퓨터 수리를 해보라고 한다면 반대의 상황이 펼쳐진다. 나는 그 일을 해낼 능력이 50 정도 있지만 자신감이 없다 보니 그마나 있는 실력도 발휘하지 못하고 10, 20

정도의 수준에서 컴퓨터를 만지작대고 있을 것이다. 즉, 자신감은 상황에 따라 가변적이다.

이에 반해 자존감은 조금 더 근본적이며 항상성을 지닌다. 자존감은 영어로 'self-esteem'이라고 하는데, 직역하자면 '자신을 존경(존중)하는 마음'이다. 내 능력이 어떻든지 간에 상관없이 나의 존재를 있는 그대로 인정하고, 믿어주고, 수용하는 마음이 바로 자존감이다. 자존감이 높으면 내가 잘 못하는 영역에 대해서는 자신감은 떨어질지언정 그것이 내 존재에 대한 무시, 폄훼, 부정으로 이어지지 않는다. 대신 자신감이 부족한 영역을 조금 더 잘할 수 있도록, 오늘의 나보다 내일의 내 모습이 더 나을 수 있도록 노력하게끔 든든한 심리적 자원이 되어준다. 한마디로 말해서 자존감은 내 삶을 안정감 있게 성장시키는 데 꼭 필요한 마음이다. 건강한 자존감이 있는 사람은 어떠한 바람에도 흔들리지 않는 단단한 뿌리를 지닌 나무와도 같다. 자존감이 중요한 이유다.

그렇다면 자존감은 어떻게 끌어올릴 수 있을까? 내 경우에는 자존감을 높이는 데에 실제적인 효과를 본 방법이 3가지가 있었다. 하나는 '성실하기'다. 나는 '성실하다'라는 단어만큼 인정을 못 받는 단어가 없는 것 같다. 보통의 대화에서 "그 사람 성실하지"라고 하면 반듯하고 약속도 잘 지키고 안정감이 있는데, 어딘지 조금 밋밋하고 평범하다는 의미로 쓰일 때가 많지 않은가. 하지만 꾸준히 성실하기란 참 쉽지 않은 일이다. 특히 나 자신과 한 약속을 예외 없이 잘 지켜내는 일은 더욱 어렵다. 그런데 이 어려운 일을 해내면 내 안에는 나에 대한 믿음이 자라난다. '나는 어려운 상황에서도 약속을 지켜내고자 하는 사람이야. 이런 내 모습이 나는 참 좋아.'

자존감을 높이는 두 번째 방법은 '도전하기'다. '성실하기'가 나에 대한 믿음을 기르는 기반 작업이라면, 도전하기는 성장을 위한 도약 단계라고 할 수 있다. 내가 과감하게 회사를 퇴사하고 EBS 영어 강사라는 꿈을 위해 움직일 수 있었던 것도 이 2가지가 복합적으로 작용했기에 가능했다. 나는 어떻게든 나 스스로의 생계를 책임질 만큼 성실히 임하는 사람이라는 믿음을 바탕으로 내 가슴을 뛰게 만드는 꿈을 이루기 위해 도전장을 내밀었던 것이다.

자존감을 높이는 마지막 방법은 '콤플렉스를 강점으로 만들기'다. 내가 EBS 강사 일을 하면서 의외로 큰 스트레스를 받았던 일이 하나 있다. 바로 촬영 전 머리를 매만지는 일이었다. 나의 두상은 상당히 못생긴 편이다. 사실 그전까지는 내 두상에 대해 고민할 일이 크게 없었다. 그런데 방송 촬영을 위해 분장실에 가면 헤어 스타일리스트 언니들이 내게 이런 말을 종종 하셨다. "샤이니 쌤은 다 좋은데, 두상 딱 하나가 아쉬워요. 머리꼭지가 너무 반듯해서 화면에 머리가 입체감 없이 눌려 보일까 봐서 엄청 신경 써서 드라이도 하고 스프레이도 많이 뿌리는데 나중에 보면 머리가 푹 주저 않아 있어서 내가 좀 속상하더라고요." 헤어 스타일리스트 언니들의 말이 이해가 안 되는 것도 아니었다.

문제는 그 뒤에도 이어졌다. 점점 영어 강사로 지명도가 올라가다 보니 EBS 방송 촬영 이외에도 여러 곳에서 강의 제안이 들어왔는데, EBS 방송 촬영 때와는 달리 메이크업이나 헤어 스타일링을 내가 직접 하고 가야 하는 경우가 많았다. 그렇다고 매일 아침 차를 타고 청담동까지 가서 꾸미고 오는 건 시간을 너무 많이 잡아먹었다. 고민 끝에 내가 찾은 방법은 머리띠였다. 두꺼운 머리띠를 하면 납작한 머리꼭지도 가려질 뿐만 아니라, 드라이어로 컬을 넣거나 부풀리지 않아도 포인트를 주기에 좋았다. 그렇게 매번 다양한 종류의 머리띠를 하고 방송에 출연하다 보니 어느새 볼드한 머리띠는 샤이니의 트레이드마크가 되었다. 나중에는 방송을 시청하며 나의 팬이 된 분들이 머리띠 선물을 해주시기도 했다. 단점을 극복하려고 노력하는 과정에서 단점이 나만의 유니크함으로 발전한 것이다. 이런 사례는 굉장히 많이 찾아볼 수 있다.

미국의 유명한 가수 중에 '스캣맨 존Scatman John'이라는 인물이 있다. 이 가수는 어린 시절부터 심한 말더듬 증상으로 집단 따돌림을 당하는 등 굉장히 불우한 어린 시절을 보냈다고 한다. 그는 말더듬 증상을 치료하기 위한 방편으로 노래를 부르기 시작하여 재즈 피아니스트로서 왕성한 활동을 이어나갔다. 그런 그가 전 세계적인 명성을 얻은 것은 오십이 훌쩍 넘은 나이에 자신의 인생을 그렇게나 힘들게 만들었던 말더듬 증상을 음악에 이용하면서부터였다. 재즈 등의 음악에는 '스캣scat'이란 기술이 있는데, 이는 리듬에 맞춰 '삐빠바 빠랍빠' 등 아무런 의미가 없는 의성어들을 나열하며 흥얼거리는 즉흥적인 애드리브로 스캣 맨의 이름에서 유래했다. 자신의 콤플렉스를 음악의 한 기법이자 장르로까지 연결시킨 감동적인 사례다.

이렇게 자기만의 방법으로 건강한 자존감을 쌓아올리면 무엇보다 인생을 주체적으로 살 수 있게 된다. 나를 믿는 마음이 단단해지니 남들의 시선과 기준에 따라 사는 대신 나의 만족감, 나의 행복이 삶의 우선순위에 놓이기 때문이다. 그리고 이는 비교하지 않는 삶으로 이어진다. 남들과 비교하지 않는 삶을 살게 되면 부자가 될 확률도 높아진다. 과시적인 소비에서 자유로워지고 내가 진정으로 가치가 있다고 여기는 데에 나의 돈과 시간과 에너지를 집중해서 사용할 수 있게 되기 때문이다. 건강한 자존감이 불러오는 부의 선순환을 당신도 경험해보고 싶지 않은가? 그렇다면 오늘부터 당장 시작해보자. 나와의 약속을 성실히 잘 지키고, 무엇이든 도전해보며, 나의 단점을 긍정의 시선으로 바라보다 보면 어느새 당신 안의 부자 그릇은 한 뼘 더 넓어져 있을 것이다.

아름다운 미소짓기

남들과 비교하지 않도록 내면을 채우는 것도 중요하지만, 외면을 잘 가꾸는 것도 중요하다. 만약 구겨진 옷을 입고, 머리도 정리되지 않은 채 매일 울상이라면? 내가 나를 높이 평가하고, 자존감이 높다고 이야기할 수 없을 것이다. 의복을 깨끗하게 입고, 대화할 때 잘 미소 짓기만 해도 나의 자존감뿐만 아니라 매력도까지 올라간다. 내 얼굴과 잘 어울리는 자연스러운 미소를 연습해보자.

★ 행동 지령

❶ 거울 앞에 서서 미소를 지어보자.

❷ 입이 찢어질 것 같이 활짝 미소짓기를 반복하자.

❸ 웃는 모습이 아름다운 사람, 닮고 싶은 사람의 웃는 사진을 저장해서 배경화면으로 만든다.

❹ 핸드폰 배경화면을 볼 때마다 미소짓기 연습을 한다.

☆ 당신 주위엔 어떤 사람들이 있는가?

Show me your friends and I will show you your future

'유유상종類類相從'이라는 말이 있다. 비슷한 부류의 사람들끼리 어울린다는 의미다. '친구 따라 강남 간다'라는 속담도 유유상종과는 뉘앙스가 조금 다르지만, 함께 어울리는 인적 환경의 중요성을 뜻하기도 한다는 점에서는 일견 공통점이 있다. '인사人事가 만사萬事'라는 말처럼 조직 운영의 성패를 가르는 가장 중요한 요인도 바로 '사람'이다. 어떤 리더, 어떤 동료와 함께 일하느냐에 따라 그 결과는 하늘과 땅 차이다. 직장인들이 퇴사하고 싶은 가장 큰 이유 중 하나는 바로 '인간관계' 문제이기도 하다. 사람은 조직에서도 매우 중요한 요소이지만, 우리 인생에서도 어떤 인연을 만나는지에 따라 그 삶이 잘 풀릴 수도 있고, 반대로 생각지 않은 방향으로 꼬일 수도 있다. 사주팔자에서도 오복(5가지의 복) 중 하나로 '인복人福'을 꼽는다.

　그동안 수많은 인연을 만나고 스쳐 지나왔지만, 내가 지금도 잊지 못하는 너무 귀한 인연이 있다. 그분과의 만남 덕분에 나는 영어 강사로서 기본기를 닦을 수 있는 계기를 맞이할 수 있었다. 그분은 내가 EBS에서 처음으로 프로그램 진행을 맡았을 당시, 악덕 외주 제작업체로 인해 모든 일을 떠맡고 힘겨워할 때 피가 되고 살이 되는 진실한 조언을 해주셨던 EBS 고참 선배님이시다. 여기에서는 편의상 A 선생님이라고 칭하겠다.

　앞에서도 짧게 언급했지만 당시 외주 제작업체의 PD님은 모든 면에서 반면교사로 삼고 싶은 사람이었다. 은근슬쩍 나에게 자신이 해야 하는 일을 넘기는 것은 그럭저럭 참을 수 있었다. 문제는 함께 출연하는 어린 아이들이 NG를 내면 아이들 눈에서 눈물을 쏙 빼놓을 만큼 심하게 혼을 냈다. 심지어 입에 담기도 어려운 욕설을 던지기도 했다. 아이들은 울고, 나는 화가 나고, 촬영장 분위기는 살얼음판인 날들이 부지기수였다. 참다못한 나는 다른 출연진 선생님에게 조언을 구했다.

　"선생님, 지금 저랑 함께 작업하는 PD님 알죠?"
　"알지. 알다마다. 그 PD 이미 악명이 높기로 유명해."

"그런데 진짜 그분 너무 도가 지나쳐요. 어떻게 하면 좋을까요?"

"흠……. 샤이니 선생님. 그냥 들이받아. 그런 쓰레기는 강하게 나가지 않으면 더 한다고."

맞대응을 하는 게 최선이라는 조언을 들은 나는 나도 모르게 가슴속에서 울컥 정의감이 솟구쳤다. 하지만 '내가 그래도 이 필드에서는 아직 초보인데, 그래도 되나?' 하는 생각이 들기도 했다. 나는 고민 끝에 A 선생님에게 연락을 드린 뒤 상담을 요청했다. 그런데 A 선생님의 조언은 나의 동료 선생님이 해준 조언과 사뭇 달랐다.

"샤이니 선생님, 지금 EBS 영어 프로그램 막 시작하는 단계죠? 그 방송이 몇 개월짜리죠? 아, 6개월이요? 그럼 이제 얼마 안 남았네요. 그러면 선생님, 일단은 좀 참아보세요. 그리고 PD님이 그렇게 아이들한테 막말할 때 샤이니 선생님이 아이들을 좀 달래주세요. 물론 현장에서 아이들까지 챙기는 일이 힘드시리라는 건 잘 알아요. 하지만 그 역할을 샤이니 선생님께서 해내셔야 해요. 아니, 능히 해내실 수 있어요. 그리고 아이들이 그 나쁜 PD님한테 욕을 덜 먹을 수 있도록 이왕이면 아이들을 트레이닝 시켜보면 어때요? 물론 그 아이들을 트레이닝 시키는 게 샤이니 선생님의 역할은 아니란 걸 알아요. 그래도 한번 해보세요. 그러면 현장 상황도 조금 더 나아지지 않을까요? 사람은 잘 바뀌지 않는답니다. 그러니 선생님 자신을 바꿔보세요. 어렵지만 그게 문제를 해결하는 가장 빠른 길이기도 하답니다. 제가 이쪽 일을 오래하다 보니 그런 생각이 들더라고요. 지금은 좀 이해가 안 되겠지만, 샤이니 선생님도 시간이 지나면 내 말이 이해가 될 거예요."

A 선생님의 조언을 현장에서 실행하기란 역시나 쉽지 않았다. 나 하나도 감당하기 벅찬데 아이들까지 챙기면서 녹화를 해나가려니 한 번 녹화를 마치고 나면 기진맥진한 상태가 되곤 했다. 하지만 PD님을 원망하고 아이들을 원망하고 현장 상황을 탓할 시간에 내가 할 수 있는 일부터 하나씩 해나가는 것이 더 낫겠다는 생각이 들었다. 무엇보다 믿을 만한 A 선생님의 조언이기에 그 말을 따르는 것이 도움이 될 것 같았다. 그렇게 혹독하게 반년을 보낸 결과, 체력적으로나 정신적으로 많이 힘들긴 했지만 첫 프로그램 진행을 하는 동안 나는 부쩍 성장할 수 있었다. 방송을 할수록 나뿐만 아니라 아이들의 NG도 점차 줄어들었다.

만일 그때 내가 A 선생님의 조언을 따르는 대신 순간적인 감정에 휩싸여 PD님과 크게 다툼을 했더라면 어떤 결과로 이어졌을까? 아마 현장 상황을 수습하기는커녕 영어 강사로서도 첫 단추를 매끄럽게 꿰지 못했을지도 모른다. 나 자신을 성장시킬 기회도 얻지 못했을 것이다.

　내가 추진하고 있는 프로그램들인 '샤샤영어'나 '한다 프로젝트' 등의 공통점이 있다. 바로 혼자서 하는 프로그램이 아니라 팀을 꾸려서 팀원들과 함께 해나가는 프로그램이라는 점이다. 내가 팀 방식을 좋아하는 이유는 긍정적인 에너지를 가진 사람들이 서로 만나면 시너지가 나서 혼자 할 때보다 더욱 큰 성장으로 이어지기 때문이다. 자발적으로 영어 공부나 자기계발을 하고자 프로그램을 찾아서 올 정도의 분들이면 이미 목표의식이나 의지가 대단한 분들이다. 내가 하는 역할은 그런 분들을 그루핑grouping 해주어서 지치지 않고 서로 격려하며 나아갈 수 있도록 돕는 것뿐이다. 그리고 그 과정 자체가 곧 좋은 네트워크를 다지는 과정이다. 성장하는 사람들 가운데 있으면 나도 그 흐름을 따라 더 나은 사람, 더 발전된 사람이 될 확률이 높아진다. 이 글의 영문 제목처럼 당신의 친구를 나에게 보여줘라. 그러면 당신의 미래를 정확히 알려줄 수 있다.

Shiny Project

그루핑의 힘을 경험하기

내가 더 크게 성장하고 싶다면 성장하는 사람들 곁에 있어야 한다. 사람들이 모였을 때 큰 힘을 발휘하는 시너지를 경험해보자. 내가 진행하고 있는 '한다 프로젝트' 크루로 선발되는 것도 좋다. 하지만 한없이 '한다 프로젝트' 공고를 기다리기보다는, 카카오톡 오픈 카톡방을 활용하는 것도 좋은 방법이다. 그곳에는 정말 다양한 자기계발 방이 있다.

✦ 행동 지령

❶ 카카오톡 오픈 카톡방에 '자기계발', '새벽', '공부', '독서' 등 키워드를 검색해보자.

❷ 수많은 오픈 카톡방을 살펴보고, 마음에 드는 곳에 참여한다.

❸ 그곳의 공지사항을 일독한 후, 당장 실천하자!

☆ 세상이 답을 들려줄 때까지 인내하라

Perseverance

내가 인상적으로 읽은 책 중에 프랑스 작가 장 지오노의 《나무를 심은 사람》이라는 책이 있다. 이 책은 메마른 황무지로 변한 땅에 한 양치기가 수십 년간 홀로 나무를 심고 가꾸어서 결국엔 다시 아름답고 거대한 숲으로 변모시킨 이야기를 담고 있다. 짧지만 아주 강력한 메시지를 담고 있는 한 편의 우화 같은 이야기를 읽으며 나는 '아무리 작은 일이라고 할지라도 그 일을 자기 나름의 소명을 가지고 꾸준히 해낸다면 세상을 바꾸는 놀라운 기적의 주인공이 될 수도 있겠구나'라고 생각했다.

나는 성장 크루들에게 '씨앗 심기'라는 표현을 자주 한다. 특히 지금 하는 일이 적성에 맞지 않아 이직이나 퇴사 후 전업을 고민하는 크루들을 위한 조언을 할 때 '씨앗 심기'의 비유를 종종 들곤 한다. 가령 나는 장미꽃을 피우고 싶은 사람인데, 내가 지금 하고 있는 일이 매화꽃을 가꾸는 일이라고 치자. 이럴 때 장미꽃을 피우려면 어떻게 해야 할까? 내가 심고 길렀던 매화꽃 화단을 한번에 모두 갈아엎고 장미 묘목을 심으면 될까? 나는 그런 방법은 현명하지 않다고 생각한다. 당장 나를 먹여 살리는 일을 외면한 채 꿈을 좇는 행위는 땅에 발을 딛지 않고 허공에서 발차기를 하는 셈이나 다름없다. 그의 말로는 하늘로 날아오르는 것이 아니라 다시 땅으로 고꾸라지는 일뿐이다.

이럴 땐 조금 힘들겠지만 아침 9시부터 6시까지는 나를 먹여 살리는 일을 한다. 기왕에 심은 매화꽃을 성심을 다해 기르도록 한다. 그리고 난 뒤 밤이 되면 내가 마련한 또 다른 작은 화단에 심긴 장미 묘목을 부지런히 가꾸는 것이다. 낮에는 일하느라 힘들었겠지만 그래도 내가 원하는 장미꽃을 보기 위해 그만큼 번외의 노력을 기울여야 하는 것이다. 그렇다면 그것으로 끝일까? 아니다. 그다음에는 더욱 중요한 일이 기다리고 있다. 바로 기다림의 시간이다.

생각보다 우리 인생에서 결과가 바로바로 나는 일은 많지 않다. 특히나 높은 명예, 많은 돈, 넓은 인맥, 깊은 지식 등 어떤 분야에서 좋은 결과를 얻고자 한다면 기다리고 인내하며 내가 원하는 결과가 나오기까지 견디는 시간이 필요하다. 그렇게 기다리는 시간 동안 현실적인 문제들로 지치지 않으려면 나를 먹여 살려주는 생업은 손에서 놓지 않고 있는 편이 좋다. 버티는 힘은 단 몇 달이라도 걱정하지 않고 사용할 수 있는 생활비에서 나오기도 한다.

말이 나온 김에 '버티는 힘, 견디는 힘'에 대해서 조금 더 이야기해볼까 한다. 어떤 일을 하든 그 분야마다 지나가야 하는 통과의례가 있다. 이해하기 쉽게 회사의 직급 체계로 비유를 한다면, 신입 시절을 거쳐야 대리가 되고, 대리 시절을 지나야 과장, 부장을 거쳐 임원이 될 수 있다. 물론 능력이 굉장히 뛰어나고 운이 좋은 경우엔 파격적으로 특별 승진을 한다거나 다른 회사에 더 좋은 조건으로 스카우트 될 수도 있을 것이다. 하지만 대부분의 경우에는 일정한 기간을 통과하고 나야 그다음 단계로 올라가는 것이 일반적이다. 그 기간 동안 나를 힘들게 하는 요인들은 많다. 일 자체의 어려움, 사람들과의 관계에서 오는 스트레스, '나는 이런 일을 할 사람이 아닌데'라는 마음까지……. 지금 내가 발을 딛고 서 있는 자리에 남들에 비해 초라하고 내 자리가 아닌 것처럼 느껴지는 순간들이 있을 것이다. 하지만 그런 순간, 자리에 주저앉거나 불평하기보다 현실을 수용하면서도 동시에 내가 진짜로 원하는 바에 가닿을 수 있는 플랜B를 모색하는 편이 더 생산적이다. 앞에서 이야기한 매화 묘목을 가꾸면서도 나만의 장미 묘목을 심는 사람이 되는 것이다. 물리적으로 육체적으로는 힘들겠지만, 이렇게 나의 꿈을 위한 묘목, 씨앗을 오늘 심지 않으면 나의 내일은 오늘과 똑같다. 묘목, 씨앗이 키가 자라고 싹을 틔우기까지는 시간이 걸린다. 그러니 더 이상 미루지 말고 오늘 당장 당신의 내일을 위한 묘목, 씨앗을 심어보는 것은 어떨까?

어떤 분야에서 좋은 결과를 얻고자 한다면
기다리고 인내하며 내가 원하는 결과가 나오기까지
견디는 시간이 필요하다.

6장

나의 오늘은 두 번 다시
돌아오지 않는다

☆☆☆

재테크보다 중요한 '몸테크'

Best investment

한참 EBS 영어 강사로 즐겁게 활동하고 있을 무렵, 나는 지인들로부터 이런 말을 자주 들었다. "샤이니 선생님은 어디 건물 하나 안 사세요? 하긴 샤이니 선생님은 워낙 부지런하신 데다 절약도 엄청 잘하시니 우리도 모르게 벌써 한두 채 이상 장만하셨을는지도 모르겠어요. 하하. 우리 샤이니 선생님 같은 사람이 알부자야, 알부자." 이렇게 주위의 가까운 사람들은 내가 그동안 그렇게 모은 자산으로 재테크를 아주 쏠쏠하게 잘했으리라고 생각했다.

게다가 아무리 많은 회사에서 러브콜을 받고 몸값이 높아졌어도 몰고 다니는 차부터 옷차림, 들고 다니는 가방과 신발까지 어디 하나 호화로운 구석이 없다 보니 어쩜 그렇게 돈을 알뜰살뜰하게 잘 아끼며 사냐는 말도 많이 들었다. (심지어 나는 직장생활을 할 때 산 티셔츠가 반지하 셋방살이를 하는 동안 곰팡이가 슬어버렸는데도 그 부분만 잘라내고 내 식대로 리폼해서 10년 넘게 입고 다녔을 정도다.) 그러니 가족이 아니고서는 내가 서울의 몫 좋은 곳에 건물 하나 정도는 있겠거니, 지방에 땅 몇 마지기는 있겠거니 하는 시선으로 바라봤다.

하지만 그때까지 내가 자산을 많이 모을 수 있었던 것은 재테크를 잘해서가 아니었다. 재테크財tech란 '재무(투자)'+'테크닉(기술)'인데, 나는 투자를 잘해서 재산을 늘리지 않았다. 내가 자산을 불릴 수 있었던 것은 개인사업소득자로서 내 몸값을 높여 시간당 또는 회당 강사료를 높게 받을 수 있게 되었기 때문이었다. 쉽게 말하자면 나의 역량을 높이는 데에 집중한 '몸테크'를 한 셈이다. 나는 사람들, 특히 사회초년생들이 내게 재테크 방법을 물어보면, 재테크보다 더 확실한 자산 늘리는 방법이 있다고 말해준다. 바로 자신의 역량을 높이는 데 에너지를 쓰는 것이 더 효율적이라고 말이다.

재테크는 때때로 실패할 확률이 있다. 나의 재테크 감각 이외에도 외부 변수가 너무 많이 작용하기 때문이다. 정부의 정책이 바뀌고, 세계경제의 흐름이 달라지면 얼마 전까지는 호황기였던 시장의 분위기도 이내 하락장으로 급변한다. 2030 젊은 세대들이 '영끌(영혼까지 끌어 모아 돈을 마련하는 것)' 대출을 해서 너도나도 주식투자나 비트코인에 올인 하거나 집중적으로 부동산을 매수하던 것이

불과 얼마 전 일이다. 그런데 지금은 미국발 금리 상승으로 인해 국내 금리도 상승하면서 대출금 상환 부담에 허리가 휘는 사람들이 너무나도 많아졌다. 시장의 변화 앞에서 재테크의 감각을 유지하며 단 한 번도 실패하지 않기란 너무 어려운 일이다.

하지만 '몸테크'는 다르다. 보통 '몸테크'라고 하면 불편함을 감수하더라도 노후 주택에서 재개발이나 재건축을 노리며 거주하는 방식을 말한다. 하지만 내가 말하는 몸테크는 전혀 다른 개념이다. 바로 나 자신에게 투자하는 것이다. (그래서 가끔 '인테크'라는 말을 쓰기도 한다.)

외부 상황이 아무리 바뀌더라도 내가 쌓은 역량과 나의 실력은 어디로 사라지지 않는다. 당장 내 실력을 발휘할 기회를 얻지 못한다고 해도 분명히 때를 기다리며 준비하고 있으면 기회가 왔을 때 놓치지 않고 잡을 수 있다. 내 역량을 높이는 것만큼 안전하고, 든든하고, 마이너스가 없는 재테크는 세상에 없다. 그리고 나의 실력을 늘리는 몸테크를 즐거운 마음으로 하려면 내가 좋아하는 것이 무엇인지, 좋아하는 걸 어떻게 잘하는 것으로까지 만들어 사람들이 필요로 하는 대상으로 승화시킬 것인지를 알아야 한다. 이 과정에서 자신의 생각이나 현상에 대해 스스로 판단하는 능력은 기본이다. 심리학에서는 이를 '메타 인지mete認知'라고 한다. 메타 인지는 특히 학습심리, 교육심리 분야에서 효율이 높은 학습 전략을 구사하는 학습자들의 특징을 설명하기 위해 고안된 개념인데, 나는 메타 인지가 공부를 잘하기 위해서만 필요한 능력이 아니라고 생각한다. 메타 인지는 삶을 주체적으로 잘 살아가기 위해서도 꼭 필요한 능력이다. 내가 내 인생의 운전대를 잡고 안전하고 신나게 주행하기 위해서는 나란 사람의 특징을 잘 알아야만 한다. 그래야 나에게 걸맞은 속도와 내가 좋아하는 길을 찾아 내 스타일대로 운전해나갈 수 있다.

내 경우에는 운이 좋게도 비교적 어린 시절에 내가 좋아하는 것(언어)을 발견할 수 있었고, 좋아하는 것을 잘하는 것으로 만들었다. 물론 그렇게 되기까지 각고의 노력과 집중력을 기울이던 시기가 있었음은 물론이다. 좋아하고 잘하는 것을 내 평생의 업으로 삼을 수 있었던 행운도 따랐다. 그리고 그렇게 다가온 행운이 그냥 흘러가지 않도록 기회가 올 때마다 있는 힘껏 붙잡았고, 기회가 없다고 느껴질 때면 기회 자체를 만들어냈다. 그런 시간들이 한 해, 두 해 쌓이다 보니 팝송 재잘거리기를 좋아하던 10대 소녀는 어느새 영어 강사라는 분야에서 많은 사람들의 롤모델로 성장해 있었다. 이것이 내 인테크의 핵심이다.

건강한 몸에 건강한 정신이 깃든다

나의 역량과 실력을 쌓기 위해서는 노력과 집중력이 필수다. 그리고 노력과 집중력을 만드는 것은 바로 '체력'이다. 많은 일을 경험하고 해내기 위해서는 체력이 뒷받침되어야 한다. 운동은 체력을 올려줄 뿐만 아니라 심리적인 효과도 있다. 적절한 양의 운동은 근육의 긴장 상태를 적절하게 이완시켜 마음을 편안하게 해주기 때문이다. 일상에서 운동량을 늘려보자. 한 정거장 전에 내려서 걷기, 저녁에 집 근처 산책하기, 일부러 길을 돌아가기……. 이것만으로도 충분하다.

★ 행동 지령

❶ 기초 체력이 부족하다면 걷기와 달리기부터 시작하자.

❷ 걷거나 달리는 시간을 점차 늘려가자.

❸ 주 3회, 1시간 정도는 운동에 투자하자.

타인에게 베푼 친절은 반드시 돌아온다

A small act of kindness goes a long way

이 세상에 벌어지는 현상과 인과관계에 대해 어떠한 관점을 가지고 있는가? 나는 홀로 존재하며 주변은 내 삶과 무관하다고 느끼는 사람은 많지 않을 것이다. 맞다. 오늘의 나는 어제의 나, 한 달 전의 나, 5년 전의 나와 분명 연관이 있고, 심지어 나와 만났던 수많은 사람과도 연관이 있다. 이렇게 우주와 인생의 모든 현상은 종적, 횡적으로 서로 밀접하게 관련되어 있다는 이론이 바로 '연기설緣起說'이다. 과거에 내가 했던 행동이나 만난 사람이 '연緣'이 되어 지금의 현상이 일어난다起는 이론은 우리의 지각으로 차마 다 헤아릴 수 없는 수많은 원인과 결과를 내포한다. 이 개념은 우리가 투자하고 부자가 되는 과정에도 아주 큰 영향을 미칠 수 있다. 이것을 단적으로 보여주는 사례를 하나 공유하고 싶다.

앞서 이야기했다시피, 나는 적지 않은 돈을 몇 번의 성급한 투자로 크게 잃고 난 뒤로는 겨울을 대비하는 개미처럼 그저 열심히 강의를 해서 돈을 벌어 정직하게 모으기만 하는 방식으로 선회한 상태였다. 그사이 거시경제에 대한 책들을 챙겨 읽으며 지난 시절의 투자 실패를 공부의 계기로 삼았다. 그렇게 적극적인 투자에는 몸을 사리며 경제 공부를 하는 동안 내 눈에 새로운 변화가 감지되었다. 바로 2017년 암호 화폐, 일명 '비트코인' 붐이 일기 시작한 것이다.

이 신종 화폐의 출현이 나는 반갑게 다가오지 않았다. 화폐로서의 안정성이 있는지도 의문이 들었을 뿐만 아니라 비트코인으로인해 화폐 가치가 너 급격하게 떨어질 수도 있겠다는 생각도 들었던 것이다. (아마 이런 생각을 할 수 있었던 것도 그 무렵 나름 경제 공부를 한덕분이었으리라.) 여기에 더해 당시 정부에서 부동산 규제 정책을 쏟아내면서 '똘똘한 한 채' 붐이 일기 시작했다. 이로 인해 2017년 하반기부터 서울, 수도권 핵심지에 집을 사려는 수요가 급증했고, 정부의 의도와는 달리 부동산 가격은 도리어 상승세를 띠었다.

상황이 이렇다 보니 나도 슬슬 이제는 근로소득 같은 사업소득에만 매달릴 것이 아니라 그동안 열심히 모은 현금을 실물자산(부동산)으로 바꿔야겠다는 마음이 들었다. 건강 문제도 있었다. 그동안 내 역량을 크게 만들긴 했지만, 그 과정에서 체력적으로 축난 것은 외면할 수 없는 현실이었다. 지금 돌아봤을 때, 내가 20~30대 시절 후회하는 것이 있다면 건강을 우선순위에 올려두고 잘 돌보지 않았던 것이다. 끼니를 거르는 것은 기본이고 홍삼을 마시는 것을 제외하고는 뭐하나 제때 먹고 다니질 않았다. 경제적으로 자수성가를 하려던 목표가 워낙 강고했던 까닭에 밤낮없이 물불 가리지 않고 일했는데, 그것은 체력적으로 뒷받침이 되던 시절이었기에 가능했던 일이었다. 30대 후반에 접어들자 건강을 돌봐야겠다는 생각에 강의 의뢰를 하나둘 거절하기 시작했다.

그런 이유들로 인해 나는 내가 구축한 소득의 파이프라인 중 새로운 파이프라인을 하나 더 구축해야겠다는 결심을 하게 되었다. 바로 임대소득이었다. 2017년 가을부터 나는 집중적으로 부동산 공부를 시작하고, 내가 건물을 사고 싶은 지역들을 돌아다니며 정말 열심히 발품을 팔았다. 살고 있는 집이 있긴 했지만 '건물주'가 되고 싶다는 꿈을 품고 이를 현실화하기 위해 구체적으로 움직이기 시작했던 것이다. 그렇게 행동하기 시작한 지 몇 개월 지난 2018년 새해 아침, 내가 바라던 것 이상의 거대한 행운이 나를 찾아왔다. 시세보다 한참 저렴하게 나온 건물을 뜻하지 않게 매수하게 된 것이다.

건물을 매수하기 위해 잠실, 용산, 성수동, 영등포 등 서울 곳곳을 돌아다니며 발품을 파는 동안 나는 당시 살고 있던 아파트를 팔고 다른 곳으로 이사할 계획을 동시에 세우고 있었다. 그래서 동네 부동산 네 곳에 집을 매매로 내놓았다. 이후로 예비 매수자 분들이 네 곳의 부동산 사장님들과 함께 수시로 우리 집을 보러 왔다 가시곤 했다. 덕분에 집을 내놓은 기간 동안 부동산 사장님들을 자주 뵐 수 있었는데, 그때마다 나는 마음이 맞는 부동산 사장님들에게 나중에 따로 우리 집에 꼭 놀러 오셔서 차담이라도 나누자고 했다. 빈 말이 아니었다. 추운 겨울에도 애써주시는 것이 너무 감사해서 진심을 담아 초대의 인사를 건넸다. 그래서인지 한 부동산 실장님과는 종종 차담을 나누면서 특별히 친해지게 되었다. 하지만 친분과는 별개로 계약을 성사시킨 곳은 다른 부동산이었다. 2018년 1월 1일, 새해 첫날엔 보통 부동산이 열지 않는 날인데 신기하게 이날 계약이 되었다. 업무가 시작되는 바로 다음 날 곧바로 나머지 세 곳의 부동산에도 연락을 드려서 우리 집 계약이 성사되었다는 소식을 전했다. 내가 빨리 연락을 드리지 않으면 매매 계약이 체결된지 모르시고 헛수고를 하실 것이 염려가 되었기 때문이다.

나의 연락을 받으신 세 곳의 사장님 모두 잘됐다고 말씀을 해주시면서도 못내 아쉬운 기색을 숨기지 않으셨다. 그런데 나와 특별히 가까워진 한 부동산 실장님은 축하에 더해 말을 더 이어가셨다. "선생님, 우리가 선생님 댁 물건을 하지 못해서 많이 아쉽긴 해요.

그래도 집을 사고파는 것도 다 사람이 하는 일이다 보니 그때그때 마다 운과 인연이 작용하더라고. 선생님께 참 고마운 게 보통 다른 부동산 통해서 계약이 되고 나면 사람들이 미안해서 그런가. 다들 이렇게 바로 연락을 안 해주거든요. 따로 연락 안 해도 우리들끼리 정보가 다 공유되고 그러니까. 그런데 이렇게 살뜰하게 연락도 주시고 그동안 애써줘서 고맙다고 말씀해주시니까 내가 너무 감동받았어요. 물건이 금방 정리된 것도 어떻게 보면 다 이런 샤이니 선생님 복이야 복. 혹시 지금 시간되면 우리 부동산에 차 한잔하러 놀러 와요."

마침 나는 특별한 일이 없어서 걸어서 3분 거리의 실장님이 계신 부동산에 방문했다. 2018년 1월 2일 새해 아침이었다. 실장님과 내가 한참 수다 삼매경에 빠져 있을 때, 70대쯤으로 뵈는 할머니 한 분이 부동산으로 들어오셨다. 손님이 오셨으니 나는 재빠르게 옆 책상으로 자리를 옮겨 앉았다. 부동산 실장님과 이야기를 나누면서 할머니가 내 쪽을 흘끔흘끔 보시더니 "혹시 방송에 나오는 영어 선생님 아니야? 거기 있지 말고 여기 와서 같이 앉으셔" 하시는 것이었다. 알고 보니 나이가 드셨지만 영어 공부를 열심히 하시는 멋쟁이 할머니셨다. 나는 조용히 합석해 있다가 우연찮게 할머니께서 매수하려는 건물 값을 조금 더 깎으려고 부동산에 들르신 사연을 알게 되었다. 할머니는 그 뒤 가격 조정문제로 한참을 실장님과 옥신각신하시다가 부동산을 나가셨다.

나는 어떤 건물이기에 몇 천만 원 때문에 계약을 진행하지 않고 몇 달째 실랑이를 벌이는지 문득 궁금했다. 실장님께서는 갑자기 목소리를 낮추시더니 이유를 설명해주셨다. "요 옆에 있는 건물 알죠? 그게 매도자 사정으로 초급매 물건으로 나왔거든. 파는 입장에서는 안 그래도 시세보다 한참 낮춰서 내놓은 건데 거기서 더 깎으려고 하시니 이게 계약 진행이 안 되고 시간만 가는 거예요."

실장님의 말씀을 듣고 나는 깜짝 놀랄 수밖에 없었다. 그 건물은 내가 평소에도 남편과 함께 길을 지나가다가 "저 건물 꽤 괜찮아 보여" 하고 자주 이야기했던 건물이었기 때문이다. 실장님께 구체적인 가격을 여쭤보니 내가 생각했던 가격보다 훨씬 저렴한 금액이었다. 그동안 발품을 팔아가며 공부한 서울 전역의 시세, 평단가 등과 견주어 비교해도 너무 좋은 금액이었다. 이 모든 계산이 단번에 내 머릿속에서 이루어졌다. 다만 한 가지 걸리는 부분이 있었다. 이미 매수하려는 사람이 있는 상황에서 내가 이렇게 불쑥 끼어들어도 되나 싶은 마음이 들었다. 이런 찜찜했던 마음을 실장님께서 눈치 채시고는 이렇게 말씀해주셨다. "할머니는 계속 깎으시려는 상황이고 매도자는 그럴 생각이 전혀 없어서 어차피 이 계약은 안돼요. 내놓은 값에 살 사람이 있다면, 그 사람한테 팔아야지. 안 그래요? 선생님께서 오늘 타이밍을 너무 잘 잡으셨네. 이것도 샤이니 선생님 복이다 복. 선생님은 어쩜 이렇게 복이 많으실까?"

이렇게 새해 인사도 나눌 겸 나섰던 차담 자리에서 나는 뜻밖의 기회를 얻게 되었다. 이웃으로서 마땅히 해야 할 도리를 했던 것 뿐인데 그 작은 행동 하나가 수십 억원의 금전적 결과로 이어진 것이다. 말이 수십 억원이지, 이 돈을 단순한 근로소득으로 채워가려면 얼마나 많은 세월과 노력이 필요한지 잘 알 것이다. 거대한 행운이 함께하길 바라는가? 그렇다면 오늘 행운의 씨앗을 심어라. 이웃에게 친절하고, 긍정의 말을 나누며, 만물을 사랑의 눈으로 바라보라. 우리 눈앞에 펼쳐지는 많은 현상은 어찌 보면 수년 전 있었던 나비의 작은 날갯짓에서 비롯되었을지 모른다.

☆ 삶의 궤적을 따라갈 롤모델의 중요성

Having a role-model matters

강남에 건물을 마련하면서 나는 '끌어당김의 법칙'과 '복과 운을 쌓는 일'에 대해 경험적으로 커다란 데이터를 얻었다. 그런데 나는 이것이 물질적인 부의 영역에서만 일어나는 일이 아님을 깨달았다. 사람과 사람의 만남에 있어서도 운명 같은 끌어당김의 행운이 작용한다. 내가 마음속으로 멘토로 여기고 있는 분들은 많다. 그중 어떤 분은 지근거리의 지인이기도 하고, 또 어떤 분은 책이나 매체를 통해 그분의 삶의 궤적을 알고 나서 큰 감동을 받아 멘토로 섬기고 싶어진 분들도 있다. 켈리 최 회장님은 후자에 속하는 분이셨다.

마흔의 고개를 넘자 나는 내 인생의 1막을 지나 인생의 2막이 열렸다는 느낌을 자주 받았다. 그리고 인생의 1막은 성공한 영어 강사로 살았다면, 인생의 2막에서는 성공한 사업가로 자리매김하고 싶다는 마음이 들었다. 인생 1막을 거치며 내가 습득한 인생의 노하우들과 나의 이야기를 도움이 필요한 후배들에게 나누고 싶다는 마음이 절실히 생겼다. 그리고 나자 특정한 영역에서 자신만의 독보적인 커리어를 쌓아 나가며 많은 여성들에게 인사이트를 주는 여성 리더들의 이야기에 자연스럽게 관심이 갔다. 켈리 최 회장님은 그런 관심으로 여러 책과 매체를 찾아 보다가 알게 된 분이셨다.

켈리 최 회장님은 대중들에게 《파리에서 도시락을 파는 여자》, 《웰씽킹》 책으로 널리 알려진 분이다. 나는 내 경험 때문인지 타고난 금수저의 성공 스토리보다 역경을 딛고 일어선 분들의 이야기에 깊은 감동을 받는 편이다. 아마 나만 그런 것은 아니리라 생각한다. 켈리 최 회장님은 40대에 시작한 첫 사업의 실패로 인해 순식간에 10억 원의 빚에 내몰렸지만 현재는 연매출 7천억 원이 넘는 글로벌 식품기업(켈리 델리)의 창업자다. 내가 켈리 최 회장님의 얼굴을 직접 뵌 것은 어떤 모임에서였다. 당시 모임에 참석한 인원은 30~40명 정도로 제법 많았는데, 켈리 최 회장님이 워낙 유명하신 분이다 보니 많은 사람에게 둘러싸여 계셔서 간단히 인사밖에 드리지 못했다. 그날은 그저 먼발치에서 멋진 아우라를 뽐내는 회장님의 모습에 감탄하고 다시 집으로 되돌아갔다.

그러던 어느 날이었다. 그날은 샤샤 영어에서 400포인트를 달성한 분들을 우리 집에 초대해 식사를 하는 날이었다. 앞에서도 이야기했지만 내가 운영하는 샤샤 영어는 매일 과제 2개를 해서 올리면 그것에 대한 리워드로 2포인트씩 지급하는데, 그 포인트들이 차곡차곡 모여 일정 포인트를 달성하면 포인트의 크기에 따라 커피 쿠폰, 내 사인이 담긴 책 등을 선물하는 구조로 운영된다. 그리고 리워드의 마지막은 나와 함께 식사를 하며 영어에서부터 자기계발에 대한 이야기까지 주제를 막론하고 함께 이야기를 나누는 것이었다 (현재는 식사 대신 친밀한 강연으로 바뀌었다). 꼬박 1년 동안 매일 꾸준히 샤샤 영어 프로젝트에 참여하신 분들만 얻을 수 있는 선물이었다. 그 식사 자리에서 우연치 않게 켈리 최 회장님에 대해 언급하게 되었다. 각자가 꿈꾸는 미래에 대해 이야기를 하다가 내가 켈리 최 회장님을 롤모델로 삼는다는 말이 나왔기 때문이다.

신기한 것은 이틀 뒤, 켈리 최 아카데미 팀으로부터 연락이 왔다. '행복부자 샤이니' 채널을 재미있게 보았는데, 혹시 회장님과 인터뷰가 가능하냐고 문의 연락이 왔던 것이다. 전화를 받는 순간, 나는 온몸에 소름이 돋고 전율을 느꼈다. 불과 이틀 전, 사람들에게 내가 얼마나 회장님을 만나고 싶어 하는지 말했는데, 세상에 이런 일이! 회장님과 이야기를 나눌 수 있다니! 몇 년 전부터는 영어와 관련된 내용이 아닌 돈, 자산 관리, 자기계발 등과 관련한 채널에서도 콜라보 제안이 많이 들어오는 편이다. 하지만 현재 내가 집중하고 싶은 일이 있기 때문에 보통은 제안들을 다 거절하고 다음을 기약할 때가 많았다. 하지만 이번에는 경우가 달랐다. 나는 당연히 가능하다고, 너무 만나 뵙고 싶었던 분이라고 거듭 이야기했다.

회장님께서 요트로 세계일주를 하시던 중이라 온라인 줌을 통해 인터뷰가 진행되었다. 직접 만나지는 못했지만 켈리 최 회장님의 웰씽킹 인터뷰의 대상자로 선정되었다는 사실만으로도 나에게는 너무 큰 영광이었다. 회장님과 온라인 인터뷰를 하며 내가 반지하 월세방에서 살던 시절의 이야기부터 내 소유의 건물을 갖게 된 이야기까지 풀어가던 경험은 그 어떤 인터뷰보다도 짜릿한 감동을 안겨주었다.

무엇보다 나의 이야기에 긍정의 에너지를 담아 미소와 따뜻한 피드백으로 호응해주신 덕분에 온라인 인터뷰를 무사히 마칠 수 있었다. 특히 지금도 기억에 남는 것은 회장님께서 인터뷰를 진행하시는 와중에 "맞아. 나도 그랬어"라고 화답해주실 때, 내 안에서 벅차올랐던 감정이다. '아, 내가 밟아가는 궤적이 내가 롤모델로 삼고 있는 분의 그것과 비슷하구나. 나도 같은 구질을 가진 사람이 되어가고 있구나' 하는 생각이 들면서 앞으로의 내 삶을 더 잘 이끌어가고 싶은 커다란 동기부여가 되어주었던 것이다. 놀랍게도 이로부터 약 1년 뒤, 나는 회장님과 다시 인터뷰를 할 기회가 생겼다.

이번에는 직접 얼굴을 뵙고 말이다! 내가 회장님을 인터뷰하고, 회장님도 나를 인터뷰해주시는 영상을 각각 촬영하게 된 것이다.

　만일 당신에게 인생을 살면서 꼭 한번 만나고픈 사람이 있다면 막연하게 마음속으로 희망만 품지 말자. 그 대신 내가 그 사람과 비슷한 사람이 되어가고 있는지, 즉 비슷한 '구질'의 사람이 되어가고 있는지 점검해보자. 생활 속에서 구체적인 실천을 하며 나의 롤모델과 나를 비슷하게 만들려고 노력할 때, 인연의 끌어당김의 법칙이 작용하여 언젠가 당신은 그 사람을 당신의 힘으로 만날 수 있게 될 테니 말이다.

당신을 가장 빨리 성장시켜줄 무기를 만드는 법

내가 어떤 것을 행동하겠다고 마음먹었을 때, 가장 큰 장벽이 있다. 그건 바로 '두려움'이다. '실패하면 어떡하지?' '아무도 관심이 없으면 어떡하지?' 등등 불확실한 결과에 대한 두려움 때문에 차일피일 행동하기를 미루게 된다. 그럼 두려움을 물리치는 가장 효과적인 미션이 있다. 바로 '거절 당하기'다. 예를 들어 신입이 경력자를 뽑는 회사에 이력서를 넣는 것이다.

✦ 행동 지령

❶ 안 될 것이 뻔하지만, 되면 좋은 미션을 찾는다.

❷ 행동한다.

❸ 거절을 당해도 대수롭지 않게 넘긴다.

❹ 만약 통과된다면 내가 만들어낸 행운을 즐긴다!

※주의사항: 어차피 거절 당할 것이라고 대충하지 말 것.

✩ 거대한 행운은 어디에서 오는가?

How to attract good luck

탄생 과정부터 애정을 가지고 기획하고 현재도 정기, 비정기적으로 진행하는 2가지의 프로젝트가 있다. 하나는 '샤샤 영어'이고, 또 다른 하나는 '한다 프로젝트'다. 이 중 '샤샤 영어'는 '영어 실력' 증진이라는 단일한 목표를 가진 분들의 모임이라면, '한다 프로젝트'는 그에 비해 다양한 삶의 목표와 동기를 가진 분들의 성장 모임이다.

내가 '한다 프로젝트'를 시작한 계기는 다소 소박했다. 여러 이유들로 깨진 나의 루틴을 회복하고, 다시 예전의 활력을 되찾고 싶었기 때문이다. 요 몇 년 사이 비즈니스적으로는 새로운 사업들을 모색하느라, 자산 증식의 차원에서는 부동산 등에 신경을 쓰느라 사회초년생 시절 내가 유지해오던 규칙적인 일과들이 다소 흐트러진 지점들이 있었다. 마흔 고개를 넘고 나니 체력적으로도 힘에 부칠 때가 많아서 운동도 해야 하고, 읽어야 할 책들도 점점 쌓여 가는데 이걸 혼자서 하기보다 함께 하는 크루들이 있으면 나 역시 더 각성해서 나와의 약속을 잘 지킬 수 있을 것 같았다. 조금 크고 넓은 수준에서 '주변에 공언하기'를 실행한 것이다.

나는 2019년 5월의 마지막 날, 네이버에 있는 나의 공식 팬카페에 공지 글을 하나 올렸다. 바로 '한다 프로젝트' 크루를 모집한다는 글이었다. 그리고 도착한 지원서들을 보며 나는 기대 이상으로 자신의 꿈과 목표에 진심을 다하는 분들이 이렇게 많았나 싶어 큰 감동을 받았다. 그 지원서들을 하나하나 꼼꼼히 읽고 어렵게 최종 크루들을 선발한 결과, '한다 프로젝트' 1기 크루가 결성되었다. 이 책을 집필하는 현재까지 내 시간과 에너지가 허락하는 시기를 잡아 총 7기의 한다 크루와 함께했다.

'한다 프로젝트' 크루들이 거둔 성과는 가히 놀라웠다. '한다 프로젝트'에서 제시한 미션을 진행하면서 크루들은 서로를 격려하며 자기 성장을 일궈나갔다. 그 결과, 누군가는 월소득 3천만 원을 넘겼고, 누군가는 서울에 내 집 마련의 꿈을 이루었고, 누군가는 수익형 부동산의 주인이 되어 월세를 받으며, 누군가는 종속된 삶에서 벗어나 멋진 사업가의 길을 걷고 있다.

크루들 가운데는 '거절 미션'을 통해 국내 굴지의 마케팅 회사인 이상한 마케팅의 사업 본부장이 된 규섭이가 있다. '거절 미션'이란 말 그대로 '거절을 당하는 것이 목표'다. 평소 마음에 품고 있었지만, 거절이 두려워 도전하지 못했던 일에 과감히 도전장을 던져보라는 취지로 만든 미션이다. 도전의 결과가 거절이면 거절 미션에 성공한 셈이고, 승낙이나 합격이면 더할 나위 없이 좋은 셈이다. 규섭이는 거절 미션으로 이상한 마케팅에 지원서를 넣어보겠다고 했다. 당시 회사에서 제시하는 나이 제한선보다 한 살 많았기 때문에 엄밀히 말하면 떨어지는 게 당연한 상황이었다. 얼마 후 내 꿈에 규섭이가 나왔다. 이상한 마케팅에 합격했다며 좋아하는 꿈이었다. 아침에 일어나 나는 바로 규섭이에게 전화를 걸었다.

"규섭아, 너 혹시?"

"네! 선생님! 믿을 수 없어요. 저 방금 회사에서 최종 합격했다는 연락을 받았어요"

나도 환호의 함성을 지르고 있었다. 와! 역시 하늘은 도전하는 자를 사랑하시는구나. 규섭이는 처음부터 차근차근 시작하여 지금은 직원 60명인 마케팅 회사의 임원이 되었다.

또 한 명의 크루를 소개하고 싶다. 바로 한다 1기로 만난 지연이다. 한다 프로젝트에 처음 올 때 만해도 지연이는 약대 시험을 준비하던 학생이었다. 학창시절 어려운 가정형편 때문에 한동안 공장에서 일하며 학비를 벌어 공부를 했다. 돈이 인생의 전부는 아니지만, 돈이 없으면 돈이 인생의 전부가 된다는 말처럼, 어렵게 살아온 지연이는 직업의 안정성을 최우선으로 삼아 약대에 진학하기로 결심했던 것이다. 하지만 한다 프로젝트를 진행하며 지연이의 꿈은 180도 달라졌다. 본인이 어릴 적부터 관심 있었던 환경문제를 해결하는 데 일조하는 사업가가 되기로 한 것이다. 지연이는 산과 들, 바다 등의 자연으로 여행을 다니며 쓰레기를 볼 때마다 "선생님, 보세요. 플라스틱들이 정말 많죠. 이걸 다 생분해되는 재료로 만들면 훨씬 깨끗해질 텐데요"라고 말하곤 했다. 한 해가 지난 후, 지연이는 이 아이디어를 바탕으로 정부지원사업에 선발되어 국가의 경제적 지원을 받으며 사업을 시작하게 되었다. 그리고 그녀가 개발한 생분해되는 음료 캡슐이 곧 시장에 출시될 예정이다.

"만나는 사람이 바꾸면 운명이 바뀐다.
습관을 바꾸면 운명이 바뀐다."

내가 '한다 프로젝트' 공지를 올릴 때마다 늘 쓰는 문구다. 이 말처럼 나 역시 '한다 프로젝트'를 진행하면서 만난 크루들 덕분에 나의 운명이 더 좋은 방향으로 끌어당겨짐을 매일 느낀다. 크루들이 들려주는 자기 성장의 서사들은 내게 보람을 줄 뿐만 아니라, 내가 이 크루들에게 모범이 되도록 더 잘 살아야겠다는 동기를 부여해 주었다. 프로젝트 기간이 끝난 이후에도 많은 크루가 소중한 인연을 이어가고 있다. 서로의 성장을 자극하는 도반 같은 인연은 쉽게 얻기가 어렵다. 매일 일상에 찌들어 일상의 이야기만 하는 친구가 아닌, 미래의 청사진을 같이 그릴 수 있는 성장 동료들이 오랫동안 함께 하길 바란다.

하고 싶은 것이 많을 때 가장 멋지게 이루는 방법

Achieve all of your dreams this way

어린 시절 나는 되고 싶은 것이 많은 아이였다. 연기자를 꿈꾸기도 했고, 말하는 것을 워낙 좋아해서 성우가 되고 싶기도 했다. 노래 부르는 것도 좋아했기에 가수가 되어도 좋겠다고 생각했다. 마지막으로 영어를 무척 사랑했기 때문에 영어를 가르치는 선생님이 되고도 싶었다. 그런데 신기한 것은 성공한 영어 강사가 되었더니 내가 바라마지 않았던 이 모든 일들을 할 수 있는 기회가 생겼다.

영어 강사가 연기를 하고, 가수처럼 노래를 하고, 성우를 할 일이 있을까 싶지만, 스텝 바이 스텝으로 이 모든 것이 이루어지는 순간이 찾아왔다. 앞에서도 말했었지만 EBS에서 두 번째 프로그램에 들어갈 당시 나는 강의 앞부분에 콩트를 넣어 학생들의 관심을 환기시키자는 과감한 제안을 했었다. 다행히 이 제안이 통과된 덕분에 나는 영어 강의를 하며 콩트 연기를 할 수 있었고, 이것은 샤이니라는 브랜드의 인기로 연결되었다.

성우 일은 내가 방송에서 콩트 연기를 하는 모습을 본 제작진 분중 한 명의 의뢰로 진행할 수 있었다. EBS 영어 프로그램을 제작하다 보면 영어와 한국어를 둘 다 녹음해야 하는 경우가 있다. 이런 경우 한국인 성우와 외국인 성우, 이렇게 2명을 섭외해야 하는데, 간혹 한글 스트립트와 영어 스트립트의 내용이 다르면 녹음이 다 끝난 후에 부랴부랴 성우들을 다시 불러 수정 녹음을 하는 등 불편한 점이 많았다. 하지만 나의 경우엔 한글도 알고, 영어도 알기 때문에 성우를 한 명만 부르고도 각 언어를 비교하며 효율적인 작업이 가능했다.

또 촬영장에서 콧노래를 자주 흥얼거리고 실제로 방송에서도 팝송을 부르던 모습을 본 한 음악감독님께서는 애니메이션의 주제곡 중 영어 노래 녹음을 나에게 맡겨주시기도 했다. 이런 식으로 내가 의도하지 않았지만 나는 영어 강사라는 직업을 바탕으로 연기자, 성우, 가수의 꿈을 이룰 수 있었다. 이런 성취가 가능했던 이유는 영어 강사라는 일을 업으로 삼는 동안에도 내가 이루지 못했던 꿈을 완전히 포기하고 내려놓기보다는 그것을 지금 내가 하는 일속으로 어떻게 끌어들여서 적용할 수 있을지 고민한 덕분일 것이다. 즉, 직업적으로 성취하지는 못했더라도 그 일의 본질에 가까운 활동—가령 연기자라면 '연기하기', 가수라면 '노래하기', 성우라면 '목소리를 가꾸기' 등의 활동—을 꾸준히 내 일과 연결 지어 할 수 있는 방법을 모색했던 덕분이다.

나는 요즘 '내 인생의 버킷 리스트'를 틈틈이 적곤 한다. '버킷 리스트'는 일반적인 희망사항과는 조금 다르다. 버킷 리스트의 정확한 정의는 '죽음을 앞둔 사람이 죽기 전에 하고 싶은 일을 적은 목록'이다. 그냥 희망 사항이 아니라 다시는 돌아오지 않을 유한한 삶의 시간을 남겨놓고 꼭 이루고픈 것을 적은 '절박한 소망'의 목록이다. 인생의 청년기를 넘어서고 중년의 나이에 접어들자 나는 무엇이든 돌진하고 견뎌내고 실행하던 것에서 한 발 더 나아가 '가치'를 생각하는 여유를 가지게 되었다. 나의 남은 생을 투자하기에 정말 의미 있는 일인지, 나에게만 가치 있는 일이 아니라 다른 사람에게도 도움이 되는 일인지 겸허히 따져보게 되었다.

우리는 모두 자기 인생의
'샤이니 스타'입니다

Twinkle Twinkle Little Star

How I wonder what you are

반짝 반짝 작은 별아,

나는 네가 어떤 존재인지 너무 궁금해.

Up above the world so high

Like a diamond in the sky

세상 위는 아주 높지.

너는 마치 하늘의 다이아몬드 같아.

Twinkle Twinkle Little Star

How I wonder what you are

반짝 반짝 작은 별아,

나는 네가 어떤 존재인지 너무 궁금해.

　나는 영어 동요 중 〈반짝 반짝 작은 별Twinkle Twinkle Little Star〉를
참 좋아한다. 이 노래는 '노부영', 즉 '노래로 부르는 영어'의 대표곡
이기도 한데, 내가 콧노래로 자주 흥얼거리는 곡이기도 하다. 나는
이 동요에 담긴 세상에 대한 호기심과 경탄하는 마음이 참 좋다.

　높디높은 밤하늘에 반짝이는 작은 별을 쳐다보며 '작지만 너만
의 빛을 밝히고 있는 너는 도대체 누구니?' 묻는 마음. 이런 마음으
로 살아가는 사람이라면 세상의 모든 작은 존재들이 가진 가치를
제대로 알아봐줄 것만 같다. 〈반짝 반짝 작은 별Twinkle Twinkle Little
Star〉 영어 가사의 뜻을 음미하다 보면 목가적이고 따뜻한 시선에
내 마음도 한결 너그러워지고 온화해지는 것 같다. 그리고 나도 누
군가에게 그 가치가 발견되어지고, 깊은 영감을 주고, 호기심을 불
러일으키는 존재가 되고 싶다는 마음이 든다.

　밤하늘을 올려다보면 별이 하나만 존재하지 않는다. 무수히 많
은 별들이 자기 자리에서 저마다의 빛을 밝히고 있다. 그 모습이 꼭
우리들 같다. 나 지금 여기에서 열심히 살아가고 있다고, 희미한

불빛이긴 하지만 내가 여기 있다고, 개성 있게 저마다의 목소리를 내며 살아가는 우리들 같다.

원고를 마무리하는 지금, 책을 내자는 제안을 받고 많이 망설였던 기억이 떠오른다. 예전에 나에게 출간 제안이 오면 100% 영어 학습법에 관한 기획이었다. 하지만 몇 해 전부터는 나의 삶과 인생 철학에 관한 책을 출간해보자는 제안들이 줄을 이었다. 처음엔 '내가 뭐라고 내 삶을 이야기하는 책을 써야 하나?'라는 생각이 들었다. 하지만 책을 쓰는 동안 지난 내 삶의 궤적을 차분히 돌아볼 수 있었기에 집필 제안을 받아들이기를 참 잘했다는 생각이 든다. 창고 같은 집에서 살던 아이가 반지하 셋방 시절을 지나 행복한 자유인이 되기까지 이야기를 풀어내면서 너무 내 자랑을 하는 것은 아닌가 하는 겸연쩍음이 스쳤던 순간도 있었다. 하지만 조금은 부끄러운 마음을 뒤로하고 나의 이야기를 세상에 꺼내놓은 것은 나의 젊은 시절과 비슷한 어려움을 겪고 있는 청춘들에게 다정한 위로와 격려의 말을 건네주고 싶었기 때문이다. 현실의 어려움 때문에 지치지 말고 살아남으라고, 부디 자기만의 핵심 역량을 키워서 끝내 성장하고 성공하라고. 여러분들은 충분히 그럴 수 있는 힘이 있다고 말해주고 싶었다.

더불어서 이 말을 꼭 하고 싶다. 이 책에 담긴 이야기는 '샤이니'라는 하나의 사례일 뿐이라는 말. 나는 우리 모두가 세상이라는 드

넓은 우주에서 자기만의 빛을 내뿜는 '샤이니 스타'라고 생각한다. 나의 이야기는 이제 여기서 마치지만, 이 책을 덮는 순간 여러분들이 여러분 자신만의 빛나는 이야기를 새롭게 써내려가길 바란다.

어제보다 찬란한 오늘을 만드는 6가지 복리 성장법

나의 하루는 오늘도 빛난다

초판 1쇄 발행 2023년 3월 15일

지은이 행복 부자 샤이니(김재영)
펴낸이 민혜영
펴낸곳 (주)카시오페아 출판사
주소 서울시 마포구 월드컵북로 402, 906호
전화 02-303-5580 | **팩스** 02-2179-8768
홈페이지 www.cassiopeiabook.com | **전자우편** editor@cassiopeiabook.com
출판등록 2012년 12월 27일 제2014-000277호
책임편집 이수민 | **책임디자인** 이성희
편집1 이수민, 오희라, 최희윤 | **편집2** 최형욱, 양다은 | **디자인** 최예슬
마케팅 허경아, 신혜진, 이애주, 이서우

©김재영, 2023
ISBN 979-11-6827-097-8 03190

• 잘못된 책은 구입하신 곳에서 바꿔드립니다.
• 책값은 뒤표지에 있습니다.